BARRON'S
CHILDREN'S
French • English
Visual
DICTIONARY

BARRON'S

Sommaire

Contents

Comment utiliser ce dictionnaire

Ce dictionnaire est plein de mots utiles et c'est aussi un livre informatif. Il te permettra de découvrir le monde tout en apprenant du vocabulaire nouveau dans deux langues différentes.

This dictionary is packed with useful words, and it is also an information book. It will help you find out more about the world at the same time as you are learning new words in two languages.

Comment est-il structuré? • *How is it organized?*

Le dictionnaire est divisé en 10 chapitres couvrant des thèmes tels que les gens et la maison, l'école et le travail, les animaux et les plantes, la science et la technologie et bien d'autres encore. Pour chaque thème il y a des pages traitant de sujets différents, par exemple: la famille et les amis, ton corps, les sens et les sentiments.

The dictionary is divided into 10 chapters, including "People and homes," "School and work," "Animals and plants," "Science and technology," and much more. Within each topic there are pages on different subjects, such as Family and friends, Your body, and Senses and feelings.

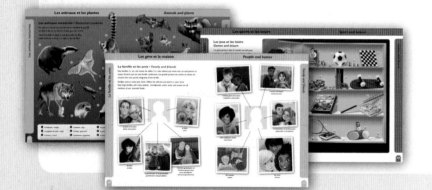

Si un thème t'intéresse particulièrement, tu peux étudier un chapitre du début à la fin. Mais tu peux aussi feuilleter le dictionnaire au gré de ta fantaisie.

You can find a topic that especially interests you and work right through it. Or you can dip into the dictionary wherever you want.

Comment trouver le mot que tu cherches?
How do I find a word?

Il y a deux méthodes pour trouver le mot que tu cherches.
There are two ways to search for a word.

Tu peux parcourir la liste des thèmes dans la table des matières.
*You can look through the topics on the **CONTENTS PAGE.***

Comment utiliser ce dictionnaire • How to use this dictionary
?? • Language support

Les gens et la maison • *People and homes*

La famille et les amis • *Family and friends*
Ton corps • *Your body*
À l'intérieur de ton corps • *Inside your body*
Les sens et les sentiments • *Senses and feelings*
La maison • *Home*
Les objets de la maison • *Household objects*

La nourriture et les vêtements • *F*

L'alimentation • *Food and drink*
Des aliments de toutes sor

Chaque thème est signalisé par une couleur.
Each topic is color-coded.

How to use this dictionary

Utiliser le dictionnaire • *Using the dictionary*

Sur chaque page le vocabulaire est présenté par des images vivantes et des tableaux ainsi que des schémas légendés. Il est donc facile de trouver les mots que tu cherches—et d'en découvrir d'autres en même temps.

On each page, words are introduced through lively images, scenes, and labeled diagrams. So it's easy to find the word you need—and discover many more words along the way.

Les encadrés offrent un vocabulaire plus approfondi.
Feature panels give more in-depth vocabulary.

L'introduction dans les deux langues apporte des informations complémentaires sur le sujet.
Introduction in both languages adds extra information on the subject.

En marge figure le titre du sujet.
Side bars identify the subject.

Dans la barre supérieure figure le titre du chapitre.
Top bars identify the topic section.

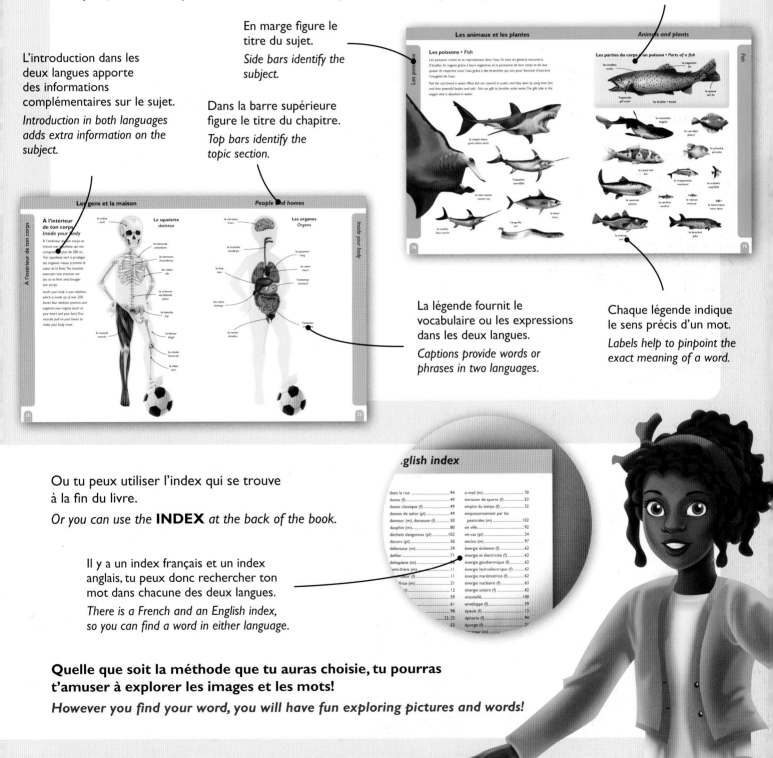

La légende fournit le vocabulaire ou les expressions dans les deux langues.
Captions provide words or phrases in two languages.

Chaque légende indique le sens précis d'un mot.
Labels help to pinpoint the exact meaning of a word.

Ou tu peux utiliser l'index qui se trouve à la fin du livre.
Or you can use the INDEX at the back of the book.

Il y a un index français et un index anglais, tu peux donc rechercher ton mot dans chacune des deux langues.
There is a French and an English index, so you can find a word in either language.

Quelle que soit la méthode que tu auras choisie, tu pourras t'amuser à explorer les images et les mots!
However you find your word, you will have fun exploring pictures and words!

This book is for people learning their first words in French. By looking at the pictures you can learn the words for a whole range of themes.

Most of the words in this book are nouns, but some are verbs and some are adjectives. Nouns are words that give names to things, people, or places. For example, **casserole** (saucepan), **père** (father), and **chemise** (shirt) are all nouns. Verbs are doing words; they refer to actions. For example, **attraper** (catch), **jeter** (throw), and **sauter** (jump) are all verbs.

Most nouns are either masculine or feminine in French. We call this gender, and this is shown in this book by putting the word for "the" before the noun: **le** (masculine) or **la** (feminine).

When a noun begins with a vowel (a, e, i, o, u), and with many that begin with "h," **le** or **la** become **l'**—for example, **l'eau** (water), **l'hôtel** (hotel). The index will show you whether these words are masculine or feminine.

TIP: When you learn a new word, always try to learn whether it is masculine or feminine.

We say that a noun is "plural" when it refers to two or more things. With plural nouns, the word for "the" is **les**: **les baskets** (trainers), **les bonbons** (sweets).

Adjectives are words that describe nouns; for example, **grand** (big), **petit** (small). Many adjectives have a different form for masculine and feminine: often you just add an extra "e" to make the feminine adjective from the masculine form; compare **le chocolat chaud** (hot chocolate) with **la boisson chaude** (hot drink). You can see more examples in the "Senses and feelings" section on pages 16 and 17. On the other hand, many adjectives are the same for masculine and feminine: **le film triste** (the sad film), **la chanson triste** (the sad song).

It's the same with job titles: as in English, some jobs have different forms depending on whether you're talking about a man or a woman: **l'acteur, l'actrice**—but with others, only the word for "the" changes: you'd say **la vétérinaire** for a female veterinarian, but **le vétérinaire** for a male veterinarian.

Pronunciation

Single letters

c (+a, o, u)—"k": *camion, conducteur, cuillère*

c (+e, i)—"s": *cerise, citron*

g (+ u, o, a) like "g" in "gun": *figue, guitare, pagayer, gourmand*

g (+e, i)—like the second "g" in "garage": *ingénieur, gilet*

h is silent at the beginning of a word. Sometimes the word for "the" is joined to the noun as l': *l'hélicoptère*; but with other words it is separate: *le hockey, la hanche*

j—sounds like the soft "j" in "pleasure": *journaliste*

r—sounds like clearing your throat or gargling: *grand, armoire, robe*

u—flatten your tongue as if you're about to say "easy,"
and then make an "ooh" sound by pursing your lips: *sculpture, public*

Groups of letters

ch—like "sh" in English: *quiche, chef*

eau—"oh": *gâteau*

en—say 'on' through your nose: *dent*

eu—"euh": *cheveux*

in—say "an" through your nose: *pinceau*

gn—sounds like "ny": *agneau*

ill—like the sound "y" in English "yellow": *fille, citrouille*

œ—"eur," like "learn": *sœur*

ou—"ooh": *coude*

oi—"wah": *froid, voiture*

th—the "h" is silent, e.g., *thé ("tay")*

ui—"ee": *cuisine, fruit*

Accents

à—like the "a" in "back": *à* means *"to"*

ç—"s": *François, caleçon*

é—"eh," as in *café*

è, ê—like the English "air": *père*

ô—"oh": *hôtel, hôpital*

La famille et les amis • *Family and friends*

Des familles, il y en a de toutes les tailles. Il y a des enfants qui vivent avec un seul parent ou tuteur, d'autres qui ont une famille nombreuse. Les grands-parents, les oncles et tantes, les cousins font tous partie intégrante d'une famille.

Families come in many sizes. Some children live with just one parent or caregiver. Some have large families, with many relatives. Grandparents, uncles, aunts, and cousins are all members of your extended family.

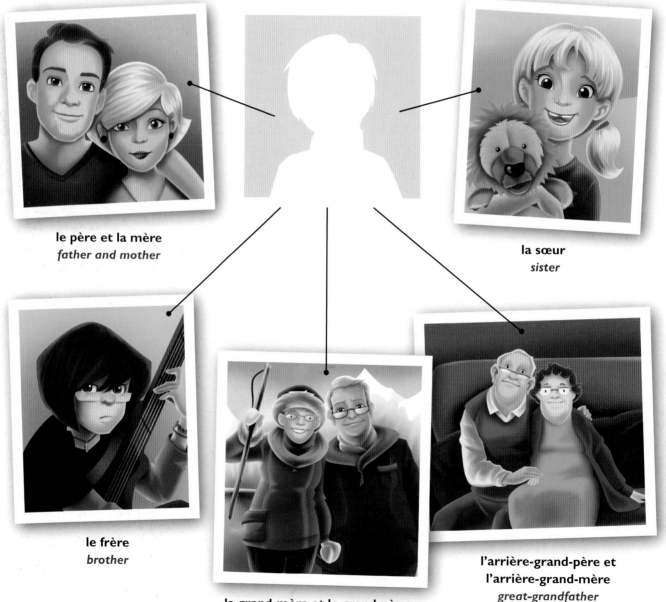

le père et la mère
father and mother

la sœur
sister

le frère
brother

la grand-mère et le grand-père
grandmother and grandfather

l'arrière-grand-père et l'arrière-grand-mère
great-grandfather and great-grandmother

People and homes

le beau-père et la mère
stepfather and mother

l'oncle et la tante
uncle and aunt

**le meilleur ami,
la meilleure amie**
best friend

le demi-frère et la demi-sœur
stepbrother and stepsister

les cousins
cousins

les amis
friends

Ton corps • *Your body*

Ton corps est comme une machine extrêmement compliquée. Chacune des parties de ton corps travaille en harmornie avec les autres pour te permettre de faire plusieurs choses à la fois. Il travaille 24 heures sur 24 pour te maintenir en vie!

Your body is like an incredibly complicated machine. All its parts work perfectly together, so you can do many different jobs at once. It is also busy all the time keeping you alive!

Le visage • *Face*

les cheveux
hair

le front
forehead

le sourcil
eyebrow

l'œil
eye

le nez
nose

la bouche
mouth

l'oreille
ear

les joues
cheeks

les dents
teeth

le menton
chin

Le corps
Body

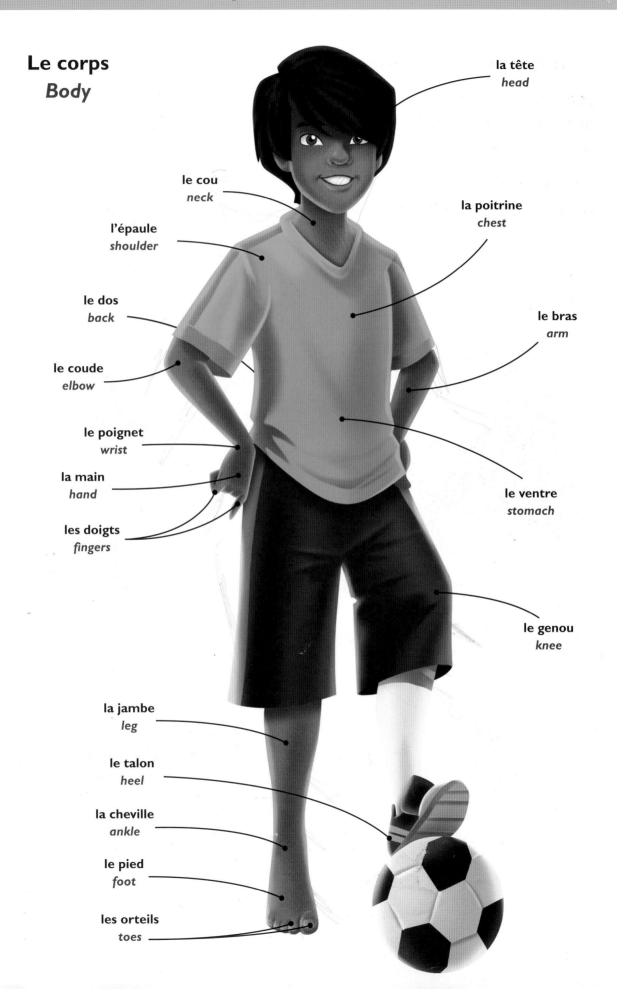

la tête
head

le cou
neck

la poitrine
chest

l'épaule
shoulder

le dos
back

le bras
arm

le coude
elbow

le poignet
wrist

la main
hand

les doigts
fingers

le ventre
stomach

le genou
knee

la jambe
leg

le talon
heel

la cheville
ankle

le pied
foot

les orteils
toes

À l'intérieur de ton corps
Inside your body

À l'intérieur de ton corps se trouve ton squelette qui est composé de plus de 200 os. Ton squelette sert à protéger tes organes vitaux (comme le cœur et le foie). Tes muscles exercent une traction sur tes os et font ainsi bouger ton corps.

Inside your body is your skeleton, which is made up of over 200 bones. Your skeleton protects and supports your organs (such as your heart and your liver). Your muscles pull on your bones to make your body move.

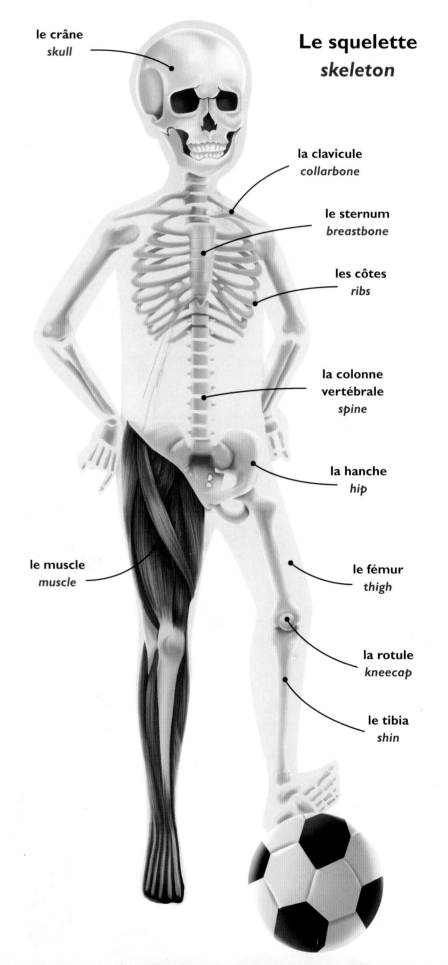

le crâne
skull

Le squelette
skeleton

la clavicule
collarbone

le sternum
breastbone

les côtes
ribs

la colonne vertébrale
spine

la hanche
hip

le muscle
muscle

le fémur
thigh

la rotule
kneecap

le tibia
shin

Les organes
Organs

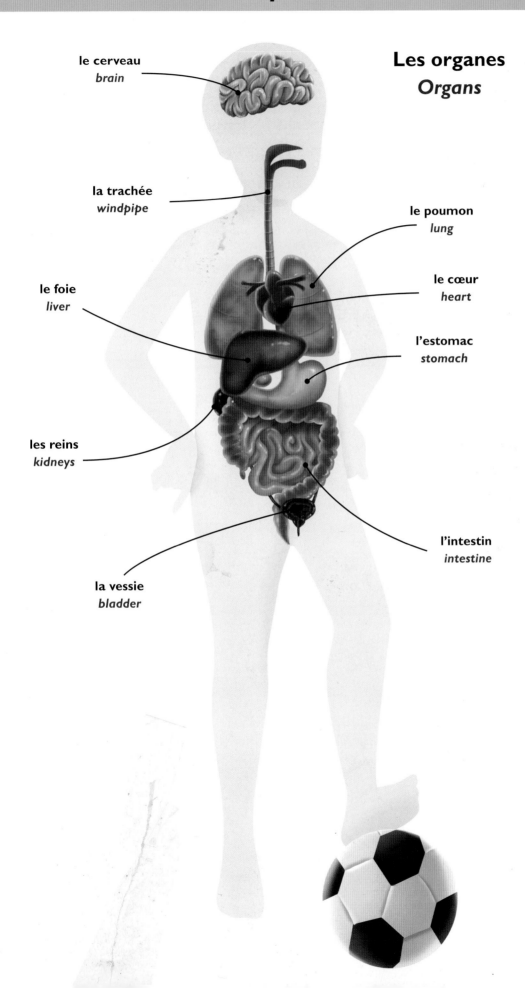

le cerveau
brain

la trachée
windpipe

le poumon
lung

le cœur
heart

le foie
liver

l'estomac
stomach

les reins
kidneys

l'intestin
intestine

la vessie
bladder

Les sens et les sentiments • *Senses and feelings*

Nos sens relient notre corps au monde. Ils transmettent au cerveau des messages sur ce que l'on voit, entend, sent, goûte et touche. À travers les expressions de notre visage, nous communiquons aux autres nos sentiments et nos émotions.

Our senses link our bodies to the outside world. They carry signals to our brains about everything we see, hear, smell, taste, and touch. We use our faces to send signals to other people about how we are feeling.

Le toucher • Touch

doux, douce
soft

mouillé, mouillée
wet

pointu, pointue
sharp

chaud, chaude
hot

froid, froide
cold

L'odorat • Smell

mauvais, mauvaise
nasty

bon, bonne
nice

Le goût • Taste

sucré, sucrée
sweet

acide
sour

salé, salée
salty

La vision • Sight

lumineux lumineuse
bright

coloré, colorée
colorful

silencieux, silencieuse
quiet

fort, forte
loud

L'ouïe • Hearing

People and homes

content, contente
happy

triste
sad

J'ai peur
I'm scared

Je suis en colère
I'm angry

fier, fière
proud

excité, excitée
excited

étonné, étonnée
surprised

méchant, méchante
mischievous

idiot, idiote
silly

Je ris
I'm laughing

Je ne comprends pas
I'm confused

Je m'ennuie
I'm bored

17

La maison • *Home*

Nous habitons dans toutes sortes de logements, du minuscule studio à l'imposant château. Mais quels qu'ils soient, on peut en général y préparer les repas, faire la lessive, dormir et s'y détendre.

Homes come in all shapes and sizes, and range from single rooms to massive mansions. Most have areas for cooking, washing, sleeping, and relaxing.

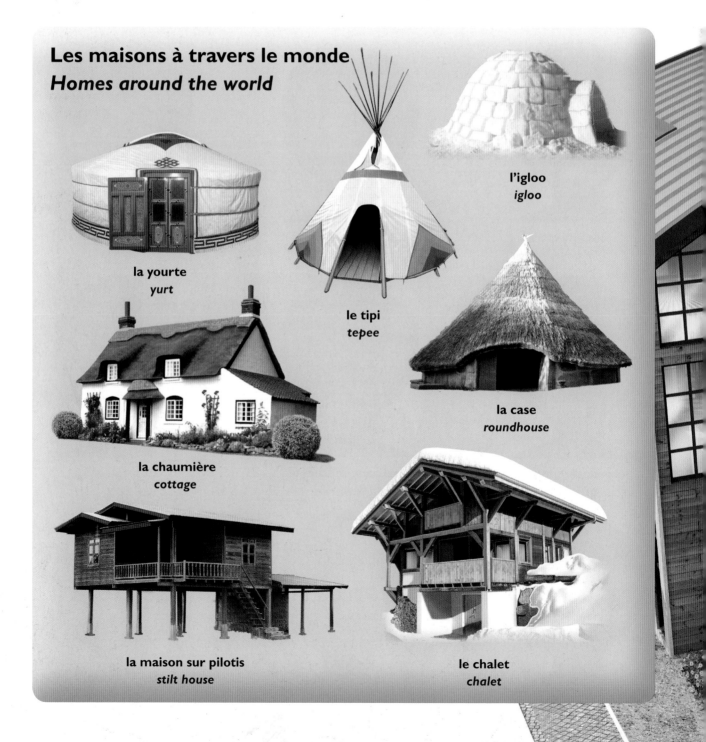

Les maisons à travers le monde
Homes around the world

la yourte
yurt

le tipi
tepee

l'igloo
igloo

la chaumière
cottage

la case
roundhouse

la maison sur pilotis
stilt house

le chalet
chalet

❶ la cheminée
chimney

❷ la fenêtre
window

❸ la porte
door

❹ le toit
roof

❺ la cuisine
kitchen

❻ la salle de bains
bathroom

❼ le salon
living room

❽ la chambre
bedroom

❾ le garage
garage

❿ la baignoire
bath

⓫ les toilettes
toilet

⓬ la douche
shower

⓭ la chaise
chair

⓮ la table
table

⓯ le lit
bed

⓰ la télévision
television

⓱ l'évier
sink

⓲ la cuisinière
stove

Les objets de la maison • *Household objects*

Nos maisons sont remplies d'objets: ustensiles, appareils électroménagers ou autres que nous utilisons tous les jours pour cuisiner ou nous laver.

Our homes are full of useful household tools and materials. We use these household objects every day to cook our food and to keep ourselves clean.

Dans la cuisine • *In the kitchen*

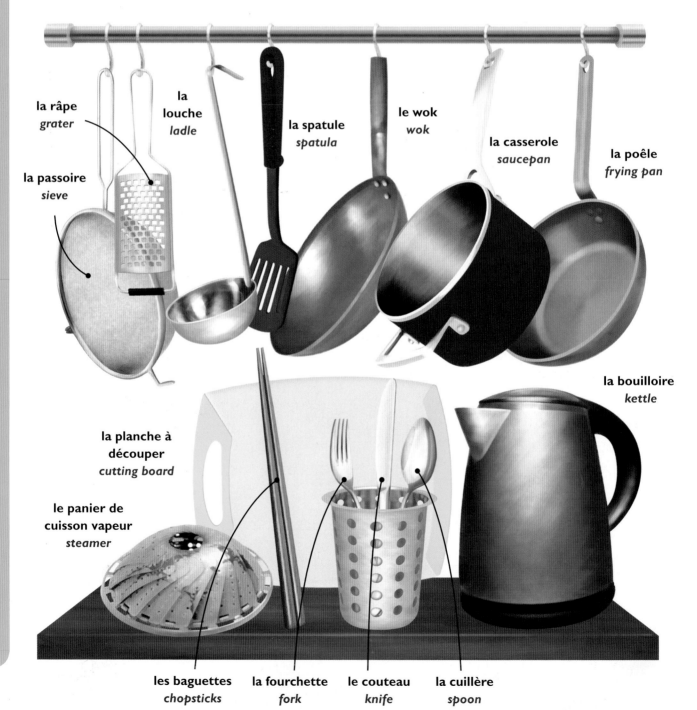

la râpe
grater

la
louche
ladle

la spatule
spatula

le wok
wok

la casserole
saucepan

la poêle
frying pan

la passoire
sieve

la bouilloire
kettle

la planche à
découper
cutting board

le panier de
cuisson vapeur
steamer

les baguettes
chopsticks

la fourchette
fork

le couteau
knife

la cuillère
spoon

Dans la salle de bains • *In the bathroom*

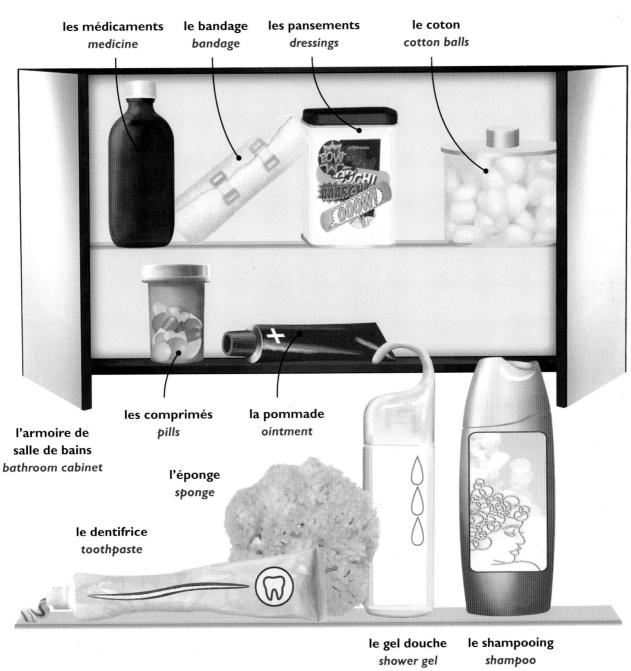

les médicaments
medicine

le bandage
bandage

les pansements
dressings

le coton
cotton balls

les comprimés
pills

la pommade
ointment

l'armoire de salle de bains
bathroom cabinet

l'éponge
sponge

le dentifrice
toothpaste

le gel douche
shower gel

le shampooing
shampoo

le savon
soap

la brosse à dents
toothbrush

L'alimentation • *Food and drink*

Pour vivre nous avons besoin de boire et de manger, mais certains aliments sont meilleurs pour la santé que d'autres. Dans la pyramide ci-contre, les aliments qui se trouvent en bas sont bons pour la santé, ceux qui se trouvent au sommet le sont moins.

We need food and drink to keep us alive, but some foods are better for our health than others. The pyramid opposite shows healthy foods at the bottom and less healthy foods at the top.

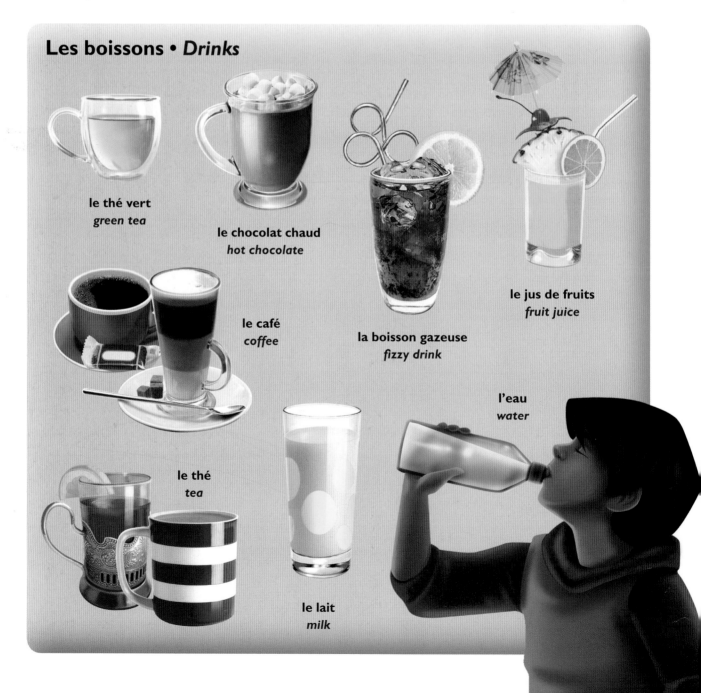

Les boissons • *Drinks*

le thé vert
green tea

le chocolat chaud
hot chocolate

le jus de fruits
fruit juice

le café
coffee

la boisson gazeuse
fizzy drink

l'eau
water

le thé
tea

le lait
milk

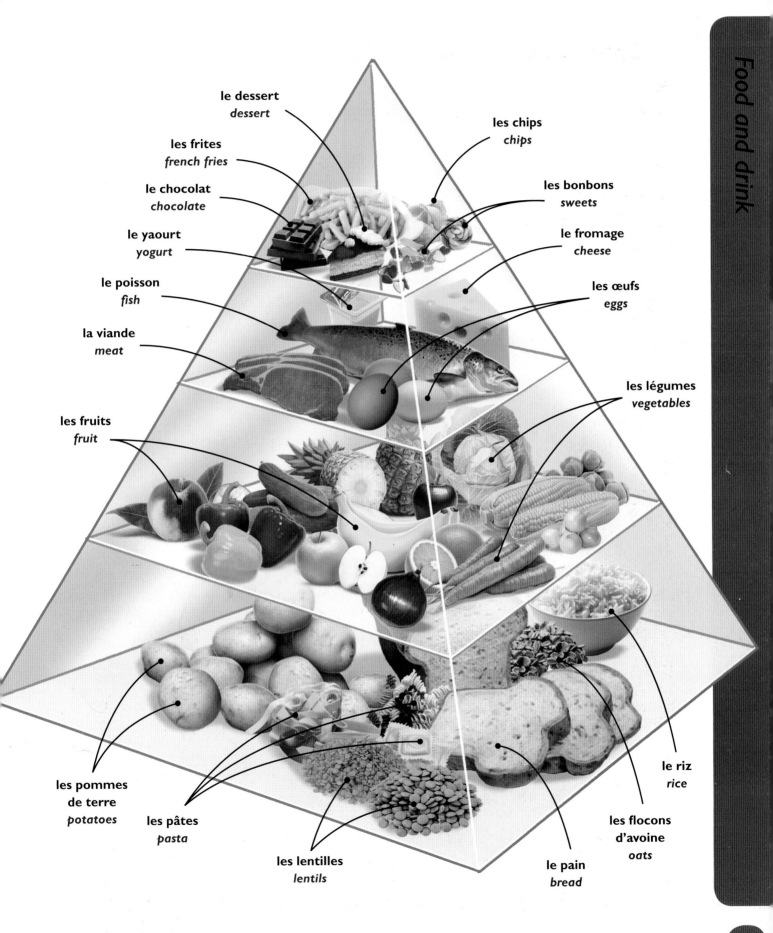

le dessert
dessert

les chips
chips

les frites
french fries

les bonbons
sweets

le chocolat
chocolate

le fromage
cheese

le yaourt
yogurt

les œufs
eggs

le poisson
fish

la viande
meat

les légumes
vegetables

les fruits
fruit

les pommes
de terre
potatoes

les pâtes
pasta

les lentilles
lentils

le riz
rice

les flocons
d'avoine
oats

le pain
bread

Des aliments de toutes sortes • *All sorts of food*

On prend un en-cas quand il faut se dépêcher de manger. Si on a plus de temps, on peut prendre un plat principal et un dessert.

People have a snack when they need a small meal that can be eaten fast.
If they have more time, they can enjoy a main course and a dessert.

LES EN-CAS
SNACKS

le sandwich
sandwich

le wrap
wrap

le hamburger
burger

la soupe
soup

le petit pain
roll

la pizza
pizza

LES PLATS
MAIN COURSES

le bifteck
steak

la paella
paella

l'agneau
lamb

le curry
curry

les boulettes de viande
meatballs

le poulet
chicken

Des plats étranges et exotiques • *Weird and wonderful foods*

les cuisses de grenouille
frogs' legs

la soupe aux orties
stinging nettle soup

la friture de tarentules
fried tarantulas

LES PLATS
MAIN COURSES

la salade
salad

les tapas
tapas

le tofu
tofu

les spaghettis
spaghetti

l'omelette
omelet

LES DESSERTS
DESSERTS

la glace
ice cream

la macédoine de fruits
fruit salad

les petits gâteaux
cupcakes

les crêpes
pancakes

le gâteau
cake

Les fruits et les légumes • *Fruit and vegetables*

Les fruits et les légumes sont des parties de plantes. Le fruit est la partie de la plante qui contient ses graines, pépins, ou de la pierre. Un légume, c'est la partie comestible d'une plante, par exemple, la racine, la feuille ou la tige.

Fruit and vegetables are parts of plants. A fruit is the part of a plant that contains its seeds, pips, or stone. Vegetables are the roots, leaves, or stems of a plant.

les fraises
strawberries

un oignon
onion

les poivrons
peppers

les avocats
avocados

les petits pois
peas

les tomates
tomatoes

les carottes
carrots

les pêches
peaches

les figues
figs

les citrons
lemons

les citrouilles, les potirons
pumpkins

À l'intérieur de la pomme

Inside an apple

les pépins
seeds

la queue
stem

la peau
skin

la chair
flesh

les oranges
oranges

les cerises
cherries

le concombre
cucumber

les pommes de terre
potatoes

les bananes
bananas

le maïs
sweetcorn

le chou
cabbage

la pastèque
watermelon

les haricots verts
green beans

les poires
pears

27

Les vêtements pour tous les jours • *Everyday clothes*

Les vêtements servent à nous protéger du froid et de la pluie, ils nous permettent aussi de ne pas nous salir. De plus, certains vêtements nous donnent du style!

Clothes protect your body and help to keep you clean, warm, and dry.
They can make you look good, too!

le bandeau
hair band

la casquette
cap

la chemise
shirt

le sweatshirt
sweatshirt

le gilet
cardigan

la robe
dress

le jean
jeans

le caleçon long
leggings

les baskets
trainers

les chaussures
shoes

le bonnet
hat

l'écharpe
scarf

les gants
gloves

le tee-shirt
T-shirt

la veste de survêtement
tracksuit top

la veste
jacket

le short
shorts

les collants
tights

la jupe
skirt

les
chaussettes
socks

les bottines
boots

les chaussures de
football
cleats

Des vêtements de toutes sortes • *All sorts of clothes*

Sur cette page figurent des costumes de la Rome antique, d'Europe, et du Japon. La page ci-contre montre des exemples de vêtements portés dans différents pays.

On this page you can see some historical costumes from ancient Rome, Europe, and Japan. The opposite page includes some examples of clothes from different countries.

l'impératrice japonaise
Japanese empress

l'éventail
fan

le kimono
kimono

le chevalier médiéval
medieval knight

le plastron
breastplate

l'armure
suit of armor

la reine médiévale
medieval queen

la couronne
crown

la cape
cloak

le Romain antique
ancient Roman

la toge
toga

les sandales
sandals

le guerrier samuraï japonais
Japanese samurai warrior

le casque
helmet

le gantelet
gauntlet

la veste
jacket

le kilt
kilt

le tablier
apron

le chemisier
blouse

les sabots
clogs

le sari
sari

la cravate
tie

le costume
suit

le turban
turban

le haut-de-forme
top hat

le gilet
vest

le voile
veil

la robe de mariée
wedding dress

À l'école • *At school*

La plupart des enfants doivent aller à l'école. Dans certains pays, ils vont à l'école à partir de quatre ans, dans d'autres à partir de sept ans. On étudie des sujets divers et cela nous aide à comprendre le monde qui nous entoure.

Most children have to go to school. In some countries, children start school at age four, in other countries they start at age seven. At school, you learn and practice some very important skills. You study a range of subjects that help you understand the world around you.

l'horloge
clock

l'emploi du temps
timetable

l'affiche
wall chart

School and work

Les cours • *Lessons*

anglais – English
histoire – history
géographie – geography
sciences – science
mathématiques – math
technologie – technology
musique – music
arts plastiques – art

les devoirs – homework
les travail – course work
le dossier – project
l'examen – exam

le tableau blanc
whiteboard

1
le bureau
desk

2
la calculatrice
calculator

3
le cahier d'exercices
exercise book

4
le manuel
textbook

5
le classeur
file

6
le bloc-notes
writing pad

7
la règle
ruler

8
le globe
globe

9
l'agrafeuse
stapler

10
le stylo
pen

11
le crayon
pencil

12
la gomme
eraser

L'école et le travail

Toutes sortes de métiers • *All sorts of work*

Il existe tant de métiers différents. Quel genre de métier aimerais-tu faire plus tard? Peut-être serais-tu intéressé(e) par un métier dans l'informatique? Ou préfèrerais-tu travailler avec les animaux? Pense à tous les métiers que tu pourrais faire.

There are so many different types of work. What kind of work do you want to do? You may be interested in working with computers. Or would you like to work with animals? Think of all the jobs you could try.

l'ingénieur *engineer*

l'architecte
architect

la vétérinaire
le vétérinaire
veterinarian

la conductrice d'autobus
le conducteur d'autobus
bus driver

le chef cuisinier
la chef cuisinière
chef

l'avocat
l'avocate
lawyer

l'infirmier
l'infirmière
nurse

le reporter
la reporter
reporter

l'agent de police
police officer

l'instituteur
l'institutrice
teacher

57 ×
92

Les vêtements de travail • *Work equipment and clothing*

Certains métiers nécessitent des vêtements et un équipement spéciaux. Les maçons, les plongeurs et les pompiers portent des vêtements indispensables à leur sécurité. Les chirurgiens, eux, utilisent des vêtements faits avec du tissu antimicrobien.

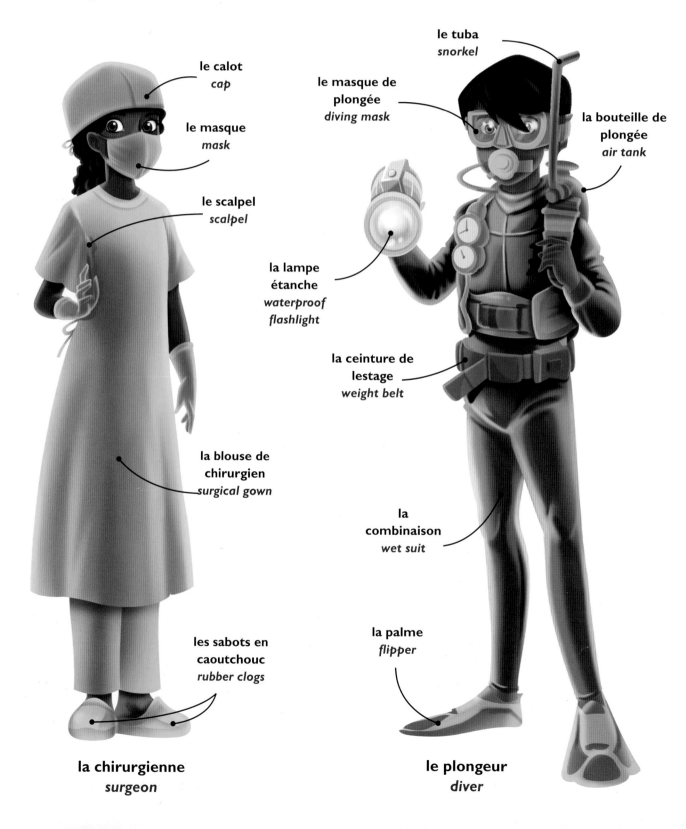

le calot
cap

le masque
mask

le scalpel
scalpel

la blouse de chirurgien
surgical gown

les sabots en caoutchouc
rubber clogs

la chirurgienne
surgeon

le tuba
snorkel

le masque de plongée
diving mask

la bouteille de plongée
air tank

la lampe étanche
waterproof flashlight

la ceinture de lestage
weight belt

la combinaison
wet suit

la palme
flipper

le plongeur
diver

School and work

Some people need special equipment and clothing to do their work. Builders, divers, and firefighters need clothes that keep them safe. Surgeons wear clothing that stops germs from spreading.

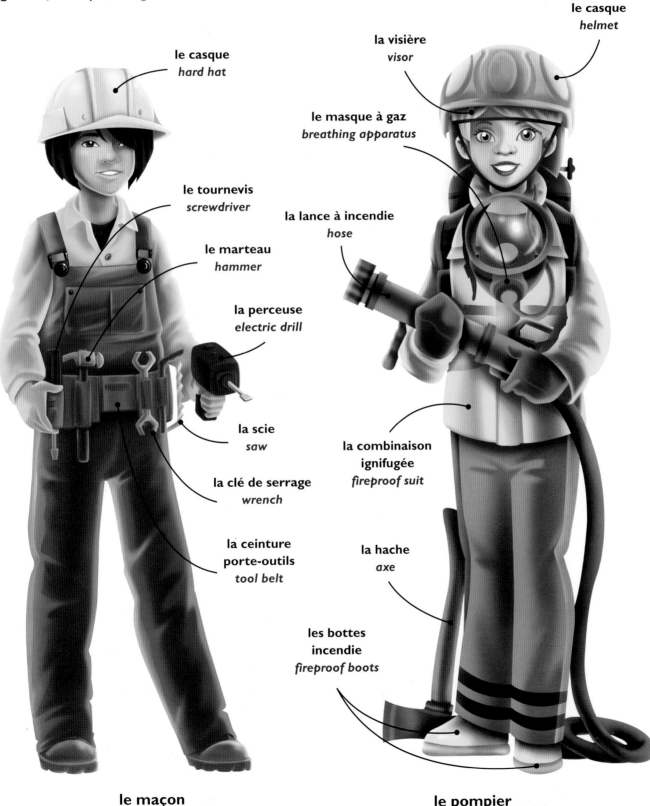

le casque
hard hat

le tournevis
screwdriver

le marteau
hammer

la perceuse
electric drill

la scie
saw

la clé de serrage
wrench

la ceinture porte-outils
tool belt

le casque
helmet

la visière
visor

le masque à gaz
breathing apparatus

la lance à incendie
hose

la combinaison ignifugée
fireproof suit

la hache
axe

les bottes incendie
fireproof boots

le maçon
builder

le pompier
firefighter

37

Les sports • *Sports*

Il est important de faire du sport, car cela nous permet de rester en forme et c'est amusant. Partout dans le monde, les athlètes professionnels s'entraînent avec acharnement pour participer aux grandes compétitions mondiales telles que les Jeux Olympiques d'été et d'hiver.

Sports are important; they keep us fit and are fun. Professional athletes all over the world train hard to compete in top competitions, such as the Olympics. There are two Olympics—one in summer and one in winter.

le football
soccer

le tennis
tennis

le base-ball
baseball

le rugby
rugby

la gymnastique
gymnastics

le volley-ball
volleyball

le tir à l'arc
archery

le cyclisme
cycling

l'athlétisme
athletics

Le football • *Soccer*

l'arbitre • *referee*
arrêter • *save*
marquer un but • *score*
le but • *goal*
le penalty • *penalty*
le coup franc • *free kick*
le défenseur • *defense*
le gardien de but • *goalkeeper*
le buteur • *forward*

le basket-ball
basketball

le judo
judo

le cricket
cricket

le golf
golf

la natation
swimming

le hockey sur glace
ice hockey

Le sport en action • *Sports in action*

Faire du sport implique de multiples mouvements! Dans de nombreux sports il faut courir, mais il existe aussi bien d'autres activités.

Taking part in any kind of sport means a lot of action! Running is part of many sports, but there are many other activities, too.

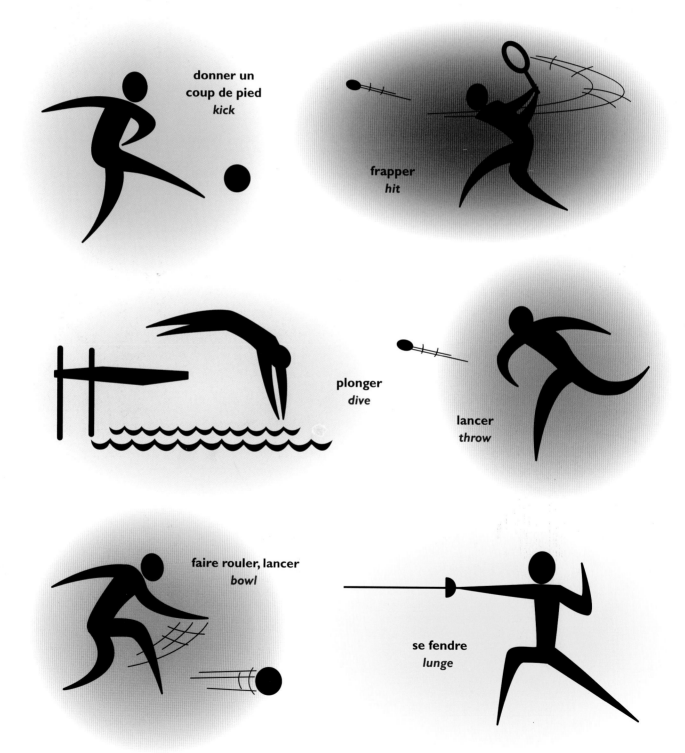

donner un
coup de pied
kick

frapper
hit

plonger
dive

lancer
throw

faire rouler, lancer
bowl

se fendre
lunge

attraper
catch

tirer
shoot

sauter
jump

faire du ski
ski

patiner
skate

monter à cheval
ride

pagayer
paddle

Les jeux et les loisirs
Games and leisure

Le jeu existe partout dans le monde et depuis des siècles. Échecs, cerfs-volants et yoyos ont une longue histoire. Les jeux électroniques sont une invention récente.

People all over the world have been playing games for centuries. Chess, kites, and yo-yos have a very long history. Electronic games are a recent invention.

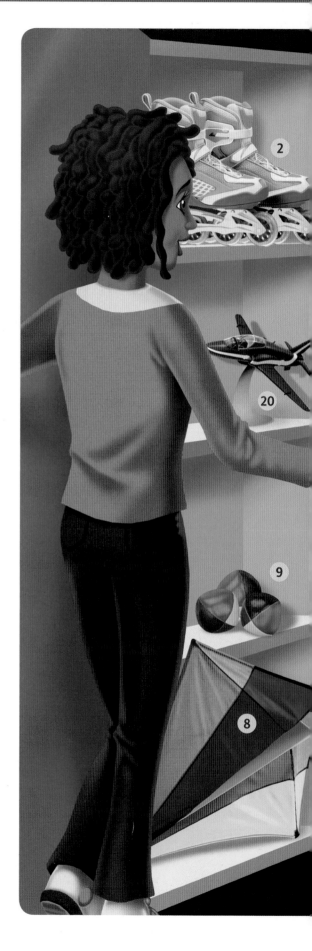

①
le skate-board
skateboard

②
les rollers
rollerblades

③
le ballon de foot
soccer ball

④
la raquette
racket

⑤
le volant
birdie

⑥
la batte
bat

⑦
le yoyo
yo-yo

⑧
le cerf-volant
kite

⑨
les balles de jonglage
juggling balls

⑩
l'échiquier
chessboard

⑪
le pièces d'échecs
chess pieces

⑫
les écouteurs
earphones

⑬
le puzzle
jigsaw puzzle

⑭
le jeu de société
board game

⑮
le magazine
magazine

⑯
le roman
novel

⑰
le DVD
DVD

⑱
le lecteur MP3
MP3 player

⑲
la console de jeu
game console

⑳
le modèle réduit
model airplane

L'art • *Art*

On crée de l'art en observant le monde autour de soi ou bien en puisant dans son imagination. On peut se servir de peinture, d'un appareil photo, d'argile et même de marbre pour faire de l'art. Les œuvres d'artistes célèbres sont exposées dans des musées dans le monde entier.

People create art by observing what they see around them, or by using their imagination. We can use paints, cameras, clay, or even marble to create art. You can see the work of famous artists in galleries around the world.

le portrait
portrait

l'esquisse
sketch

la photographie
photograph

la nature morte
still life

le paysage en aquarelle
watercolor landscape

la bande dessinée
cartoon

Le matériel de l'artiste • *Artist's equipment*

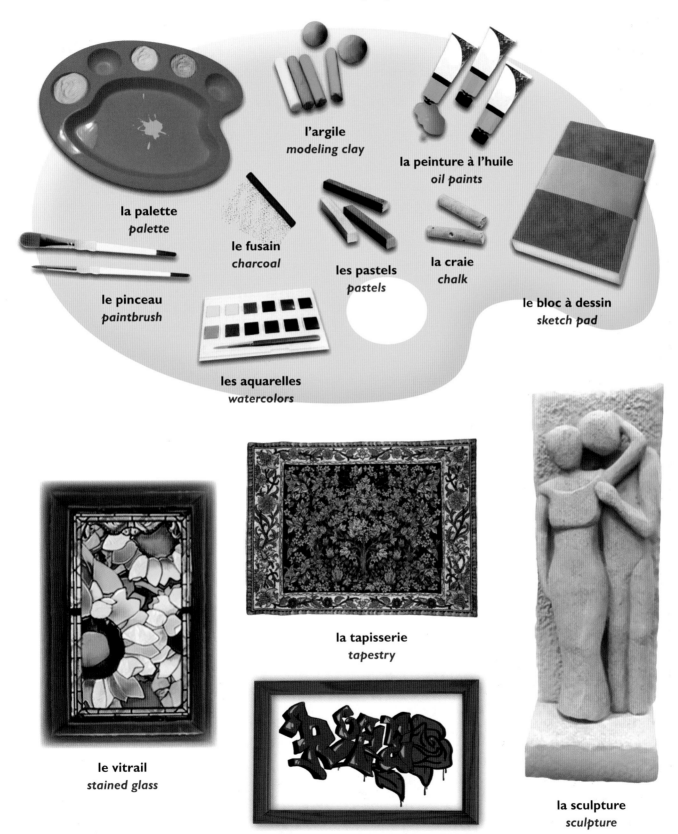

la palette
palette

le pinceau
paintbrush

le fusain
charcoal

les aquarelles
watercolors

l'argile
modeling clay

les pastels
pastels

la peinture à l'huile
oil paints

la craie
chalk

le bloc à dessin
sketch pad

le vitrail
stained glass

la tapisserie
tapestry

le graffiti
graffiti

la sculpture
sculpture

Les instruments de musique • *Musical instruments*

Il y a quatre catégories principales d'instruments de musique: les instruments à cordes pincées ou frottées avec un archet, les instruments à clavier, les instruments à vent dans lesquels il faut souffler, et les percussions.

There are four main types of musical instruments. Stringed instruments have strings to pluck or play with a bow. Keyboard instruments have keys to press. Wind instruments are played by blowing air through them. Percussion instruments are struck to make noise.

Les instruments à vent
Wind instruments

Les instruments à clavier
Keyboard instruments

la trompette
trumpet

la flûte de pan
panpipes

le synthétiseur
synthesizer

l'orgue
organ

le piano
piano

la flûte traversière
flute

la clarinette
clarinet

le saxophone
saxophone

Les instruments à cordes • *Stringed instruments*

le sitar
sitar

l'archet
bow

la harpe
harp

la contrebasse
double-bass

le violoncelle
cello

le violon
violin

la guitare
guitar

Les percussions
Percussion instruments

les maracas
maracas

le tambourin
tambourine

les cymbales
cymbals

la batterie
drums

le tablâ
tabla

La musique et la danse • *Music and dance*

Partout dans le monde les gens aiment faire de la musique et créer des danses de toutes sortes. La musique peut être jouée par un grand orchestre, un groupe ou un soliste. On peut danser seul, avec un partenaire ou en groupe.

People around the world love to create different types of music and dance.
Music can be played by a large orchestra, by a small band, or by a solo performer.
You can dance alone, with a partner, or in a group.

la musique classique
classical music

le rock
rock

le jazz
jazz

la musique pop
pop

la musique folk
folk music

le reggae
reggae

le rap
rap

la musique soul
soul

les musiques du monde
world music

La danse • *Dance*

le breakdance
break dancing

les claquettes
tap dancing

les danses de salon
ballroom dancing

la danse classique
ballet

La télévision, le cinéma et le théâtre • *TV, film, and theater*

Le travail d'équipe est essentiel à la création d'une émission télévisée, d'un film ou d'une pièce de théâtre. Pour filmer un concours de talents il faut un personnel nombreux et un équipement important.

Teamwork is important when a show is being made for television, movies, or the theater. A talent show being filmed in a theater needs a lot of people and equipment.

❶ le caméraman
cameraman

❷ l'ingénieur du son
sound engineer

❸ le metteur en scène
director

❹ la caméra
camera

❺ la scène
stage

❻ le projecteur
spotlight

❼ le micro
microphone

❽ le chanteur, la chanteuse
singer

❾ le danseur, la danseuse
dancer

❿ l'acteur, l'actrice
actor

⓫ le costume
costume

⓬ les décors
scenery

⓭ le régisseur, la régisseuse
stage manager

⓮ l'écran de contrôle
monitor screen

⓯ le clap
clapboard

⓰ les rideaux
curtains

⓱ le producteur, la productrice
producer

⓲ le public
audience

L'art, la musique et le monde du spectacle

La télévision et le cinéma • *TV shows and films*

Quel genre de film ou d'émission télévisée aimes-tu? Préfères-tu les comédies ou les films qui donnent à réfléchir? Il y a des films et des émissions télévisées qui traitent de faits réels, il y en a d'autres qui sont imaginaires.

What kind of films and TV shows do you like? Do you prefer comedies or films that make you think? Some films and TV programs show real events. Others show imaginary situations.

le film d'horreur
horror

la science-fiction et le fantastique
science fiction and fantasy

l'action et l'aventure
action and adventure

une comédie
comedy

Art, music, and entertainment

un dessin animé
cartoon

les informations
news program

l'émission de sports
sports program

un talk-show
talk show

un documentaire sur la nature
nature documentary

un jeu télévisé
game show

Les véhicules de tourisme • *Passenger vehicles*

Il y a bien des façons de voyager. Tu peux prendre les transports en commun, comme le train, l'autobus ou le métro, ou tu peux avoir ton propre véhicule telle une bicyclette ou une voiture.

There are many ways to travel. You can go by public transport, such as the train, bus, or subway, or you can use your own vehicle, such as a bicycle or a car.

Les parties d'une voiture • *Parts of a car*

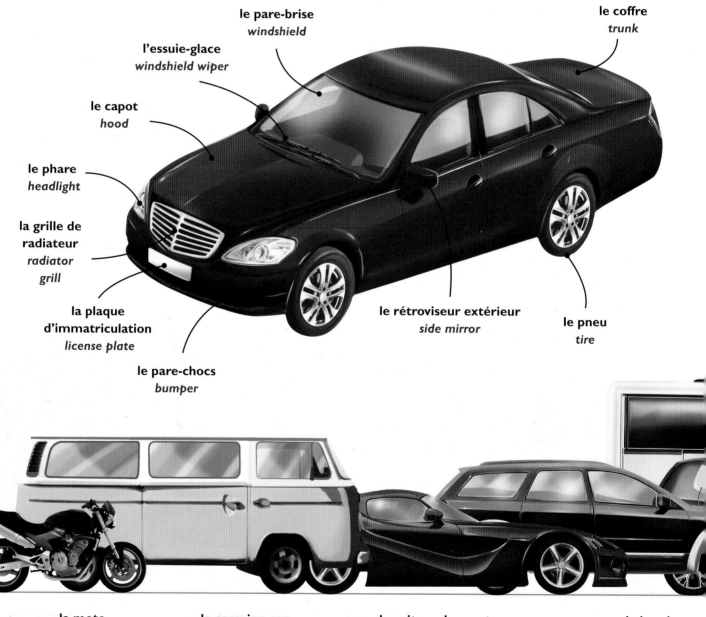

le pare-brise
windshield

le coffre
trunk

l'essuie-glace
windshield wiper

le capot
hood

le phare
headlight

la grille de radiateur
radiator grill

la plaque d'immatriculation
license plate

le pare-chocs
bumper

le rétroviseur extérieur
side mirror

le pneu
tire

la moto
motorcycle

le camping-car
van

la voiture de sport
sports car

le break
station wagon

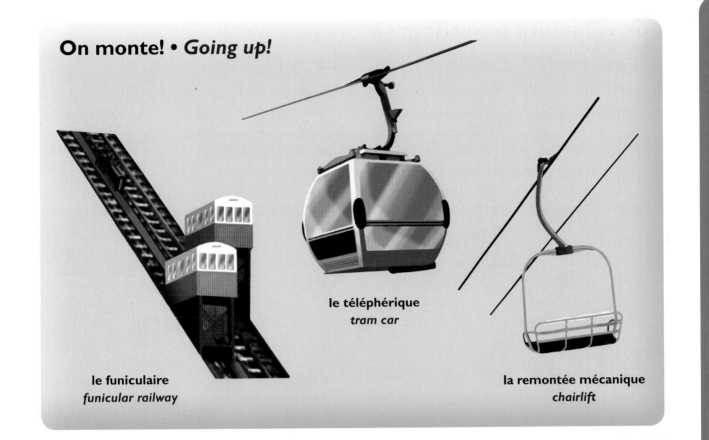

On monte! • *Going up!*

le funiculaire
funicular railway

le téléphérique
tram car

la remontée mécanique
chairlift

le train • *train*

le car
coach

le monospace
SUV

la mobylette
moped

le taxi
taxi

la bicyclette
bicycle

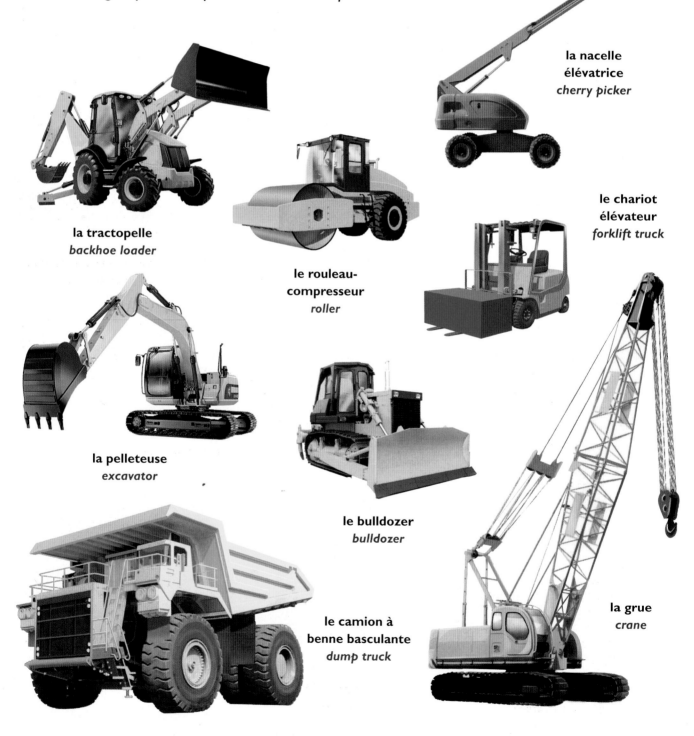

Les véhicules utilitaires • *Working vehicles*

Bien des véhicules ont un rôle essentiel comme celui de transporter ou de soulever des charges lourdes, de rouler ou creuser, de moissonner ou même celui de transporter des engins spatiaux.

Vehicles do many important jobs. Trucks and tankers transport heavy loads. Emergency vehicles provide essential help.

la nacelle élévatrice
cherry picker

la tractopelle
backhoe loader

le chariot élévateur
forklift truck

le rouleau-compresseur
roller

la pelleteuse
excavator

le bulldozer
bulldozer

la grue
crane

le camion à benne basculante
dump truck

l'ambulance
ambulance

le camion de pompiers
fire engine

le véhicule amphibie
amphibious vehicle

le scooter des neiges
snowmobile

la camionnette de livraison
delivery van

la voiture de police
police car

le camion benne amovible
dumpster truck

le camion porte-voitures
car transporter

le chasse-neige
snowplow

le camion malaxeur
mixer truck

le poids lourd
semitruck

Les avions • *Aircraft*

Un aéronef fonctionne au moyen d'un moteur à réaction ou d'hélices, ou encore de pales de rotor. La montgolfière s'élève dans les airs car le gaz qui se trouve à l'intérieur du ballon est plus léger que l'air ambiant. Le planeur est porté par des courants aériens appelés courants ascendants.

Aircraft are powered by jet engines, by propellers, or by rotor blades. A hot-air balloon rises because the air inside its envelope is lighter than the surrounding air. Gliders ride on currents of air, known as thermals.

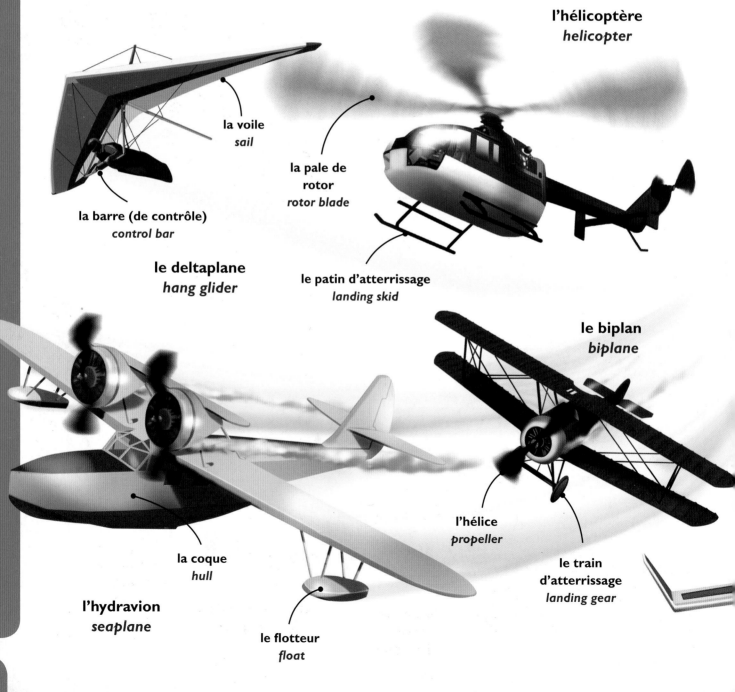

l'hélicoptère
helicopter

la voile
sail

la pale de rotor
rotor blade

la barre (de contrôle)
control bar

le deltaplane
hang glider

le patin d'atterrissage
landing skid

le biplan
biplane

l'hélice
propeller

la coque
hull

l'hydravion
seaplane

le flotteur
float

le train d'atterrissage
landing gear

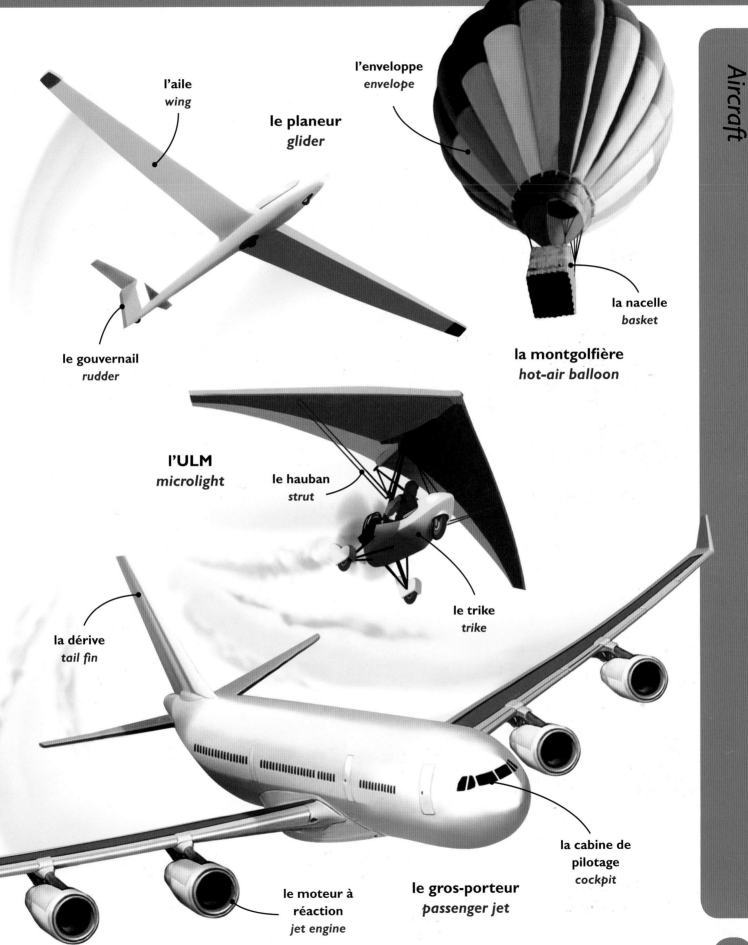

l'aile
wing

l'enveloppe
envelope

le planeur
glider

la nacelle
basket

le gouvernail
rudder

la montgolfière
hot-air balloon

l'ULM
microlight

le hauban
strut

le trike
trike

la dérive
tail fin

**la cabine de
pilotage**
cockpit

**le moteur à
réaction**
jet engine

le gros-porteur
passenger jet

Paquebots, bateaux et autres embarcations
Ships, boats, and other craft

De nos jours, la plupart des bateaux sont équipés d'un moteur. Les voiliers sont poussés par les vents. Un bateau à rames est propulsé à l'aide de rames et un canoë à l'aide d'une pagaie.

Today, most large ships and boats have some kind of engine. Sailing boats rely on wind power. A row boat has a set of oars, and a canoe has a paddle.

l'hydroptère
hydrofoil

le navire-citerne
tanker

la voile
sail

le mât
mast

le ferry
ferry

le bateau à moteur
motorboat

le wishbone
boom

la planche à voile
sailboard

le yacht
yacht

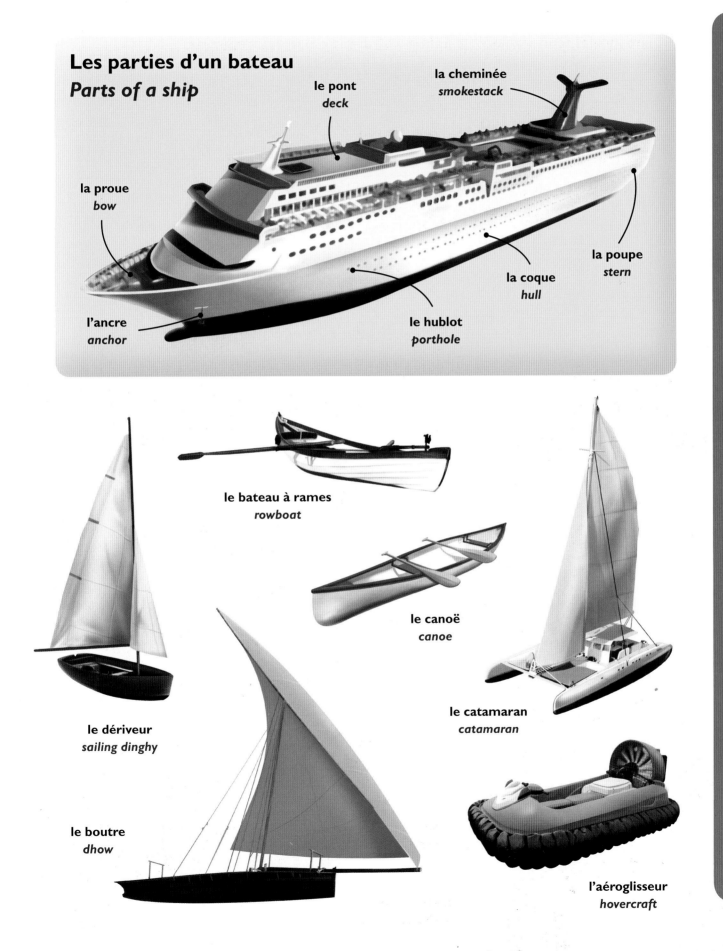

Les parties d'un bateau
Parts of a ship

le pont
deck

la cheminée
smokestack

la proue
bow

la poupe
stern

la coque
hull

l'ancre
anchor

le hublot
porthole

le bateau à rames
rowboat

le canoë
canoe

le dériveur
sailing dinghy

le catamaran
catamaran

le boutre
dhow

l'aéroglisseur
hovercraft

L'énergie et l'électricité • *Energy and power*

Nous dépendons de l'énergie pour produire la lumière et la chaleur dont nous avons besoin dans nos foyers et pour alimenter les moteurs des machines que nous utilisons quotidiennement. Mais d'où provient cette énergie? L'énergie provient de différentes sources. Elle est transformée en électricité et amenée dans nos foyers.

We rely on energy to supply our homes with light and heat and to run the machines we use every day. But where does that energy come from? Energy comes from a range of sources. It is converted into electricity and delivered to our homes.

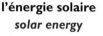

l'énergie solaire
solar energy

l'énergie hydroélectrique
hydroelectric power

la bioénergie
bioenergy

l'énergie géothermique
geothermal energy

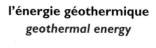

l'énergie marémotrice
tidal energy

l'énergie éolienne
wind power

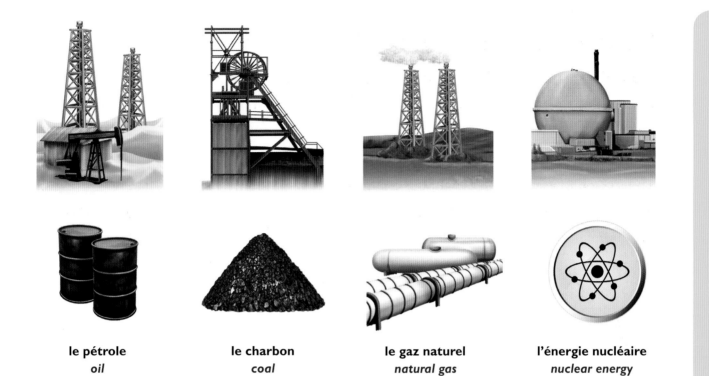

le pétrole
oil

le charbon
coal

le gaz naturel
natural gas

l'énergie nucléaire
nuclear energy

Un circuit électrique • *Electrical circuit*

L'électricité passe dans un circuit. Ce circuit est fait de plusieurs composants comme l'interrupteur, le fil et l'ampoule. On peut dessiner le schéma d'un circuit électrique, chaque composant étant représenté par le symbole correspondant.

Electricity runs through a circuit. The circuit includes several components or parts, such as a switch, a wire, and a lightbulb. Electrical circuits can be shown as diagrams. Circuit diagrams have symbols to represent each component.

Le schéma d'un circuit électrique • *circuit diagram*

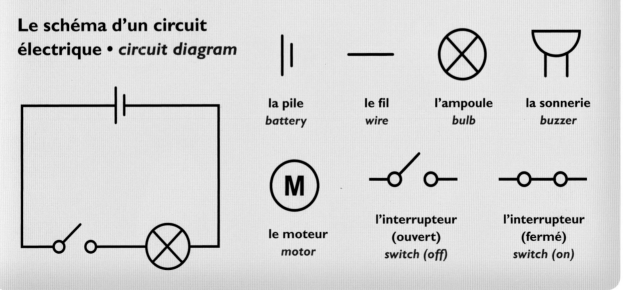

la pile
battery

le fil
wire

l'ampoule
bulb

la sonnerie
buzzer

le moteur
motor

l'interrupteur (ouvert)
switch (off)

l'interrupteur (fermé)
switch (on)

Des matériaux de toutes sortes • *All kinds of materials*

Différents matériaux possèdent différentes propriétés: ils peuvent être lourds ou légers, flexibles ou rigides. Certains sont magnétiques (capables d'attirer un objet en fer). Certains sont conducteurs et laissent passer le courant électrique, d'autres sont isolants et ne permettent pas le passage du courant électrique.

Materials have different properties. They may be heavy or light, flexible or rigid. A few materials are magnetic (able to attract objects made of iron). Some materials are good conductors and allow an electric current to pass through them. Others are insulators and block electrical currents.

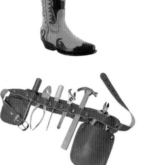

le verre
glass

le cuir
leather

le papier
paper

le plastique
plastic

le caoutchouc
rubber

la porcelaine
china

le bois
wood

la cire
wax

la laine
wool

le coton
cotton

Science and technology

Les matériaux et leurs propriétés
Properties of materials

dur • hard
mou • soft
transparent • transparent
opaque • opaque
rêche • rough
luisant • shiny
lisse • smooth

magnétique • magnetic
terne • dull
imperméable • waterproof
absorbant • absorbent

l'or
gold

l'argent
silver

le bronze
bronze

la pierre
stone

le laiton
brass

le fer
iron

l'acier
steel

le cuivre
copper

Bâtiments et autres constructions
Buildings and structures

Les bâtiments et les constructions en général doivent être très solides. On peut utiliser une grande variété de matériaux comme la pierre, le bois, la brique, le béton, l'acier ou le verre, ou plusieurs de ces matériaux à la fois.

Buildings and structures need to be very strong. They can be constructed from a wide range of materials. Builders may use stone, wood, bricks, concrete, steel, or glass, or a combination of these materials.

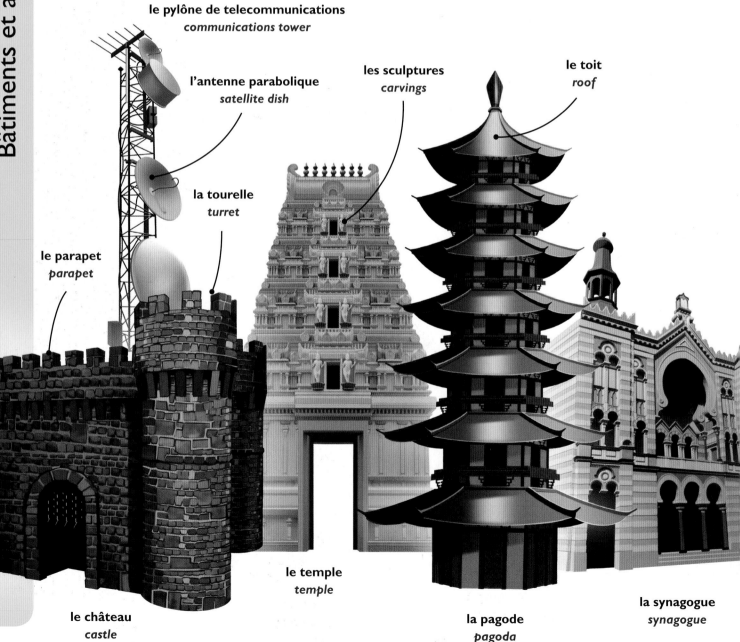

le pylône de telecommunications
communications tower

l'antenne parabolique
satellite dish

les sculptures
carvings

le toit
roof

la tourelle
turret

le parapet
parapet

le temple
temple

le château
castle

la pagode
pagoda

la synagogue
synagogue

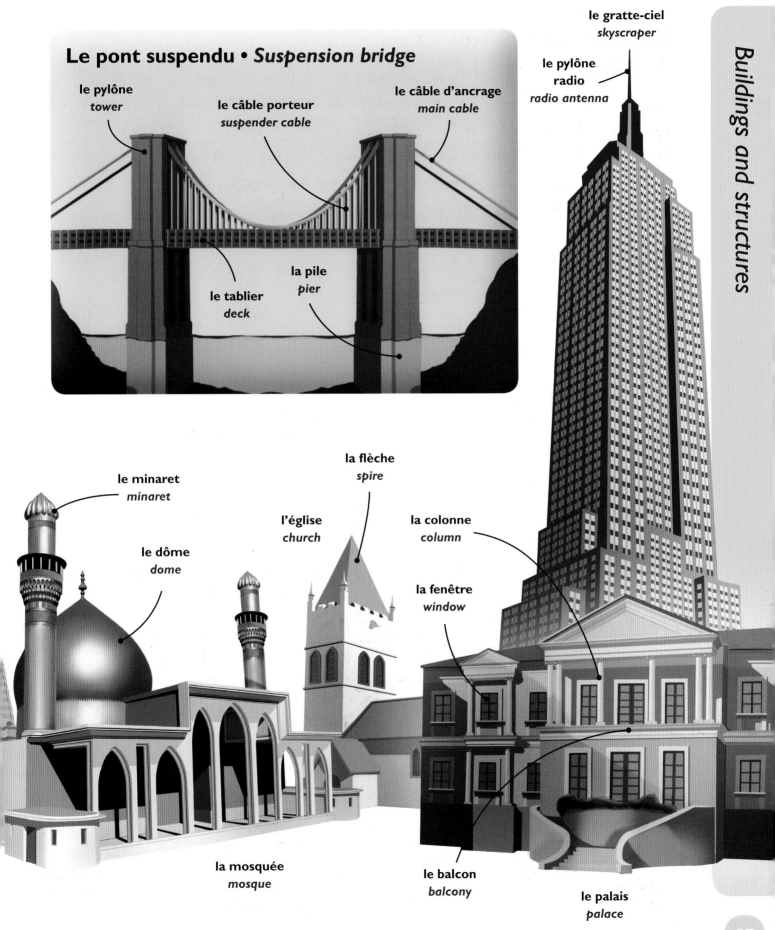

Buildings and structures

Le pont suspendu • Suspension bridge

le pylône
tower

le câble porteur
suspender cable

le câble d'ancrage
main cable

le tablier
deck

la pile
pier

le gratte-ciel
skyscraper

le pylône radio
radio antenna

le minaret
minaret

le dôme
dome

l'église
church

la flèche
spire

la colonne
column

la fenêtre
window

la mosquée
mosque

le balcon
balcony

le palais
palace

Les forces et les machines • *Forces and machines*

La traction et la poussée sont des forces qui font bouger un objet ou interrompent son mouvement. Une fois tiré ou poussé, l'objet continue de bouger grâce à sa vitesse. Le frottement agit sur l'objet et le ralentit. La pesanteur attire les objets vers la Terre.

Forces are pushes or pulls that make an object move or make it stop. Momentum keeps objects moving after they have been pushed or pulled. Friction acts on objects to make them stop moving. The force of gravity pulls objects down toward the Earth.

Les forces en action • *Forces in action*

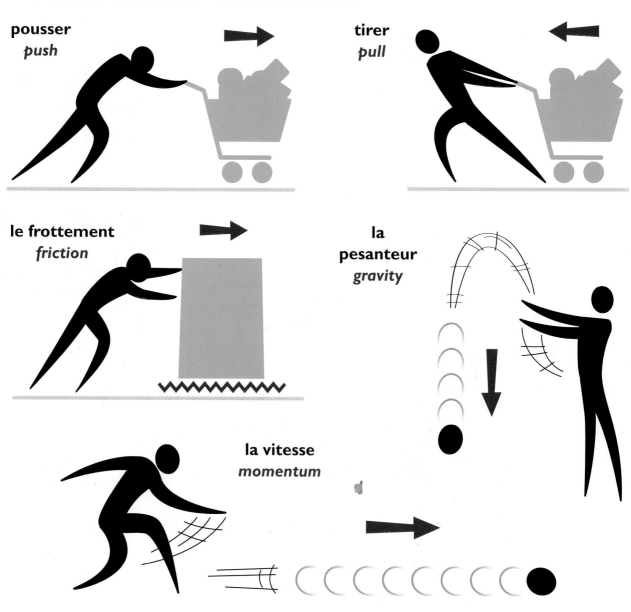

pousser
push

tirer
pull

le frottement
friction

la pesanteur
gravity

la vitesse
momentum

Des machines simples • *Simple machines*

La poussée et la traction sont des forces utilisées par les machines pour soulever de lourdes charges.

Pushes and pulls can be used in machines to lift heavy loads.

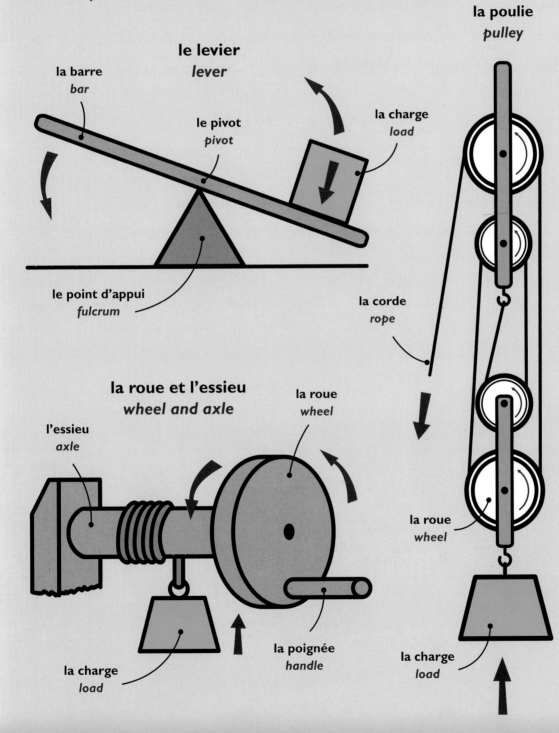

le levier
lever

la barre
bar

le pivot
pivot

la charge
load

le point d'appui
fulcrum

la poulie
pulley

la corde
rope

la roue
wheel

la roue et l'essieu
wheel and axle

la roue
wheel

l'essieu
axle

la charge
load

la poignée
handle

la charge
load

Les ordinateurs et les appareils électroniques
Computers and electronic devices

Les ordinateurs et les appareils électroniques ont transformé notre manière de vivre. Nous pouvons maintenant communiquer de façon instantanée, rester en contact avec nos amis et naviguer sur Internet pour trouver des informations.

Computers and electronic devices transform our lives. We communicate instantly, keep up with friends, and browse the Internet for information.

Sur Internet • *On the Internet*

la pièce jointe • *attachment*
la page d'accueil • *home page*
chatter • *chat*
se connecter • *connect*
le mail, l'e-mail • *e-mail*
le blog • *blog*

le tweet • *tweet*
chercher • *search*
naviguer, consulter • *browse*
surfer • *surf*
télécharger • *download*
télécharger, mettre en ligne • *upload*
le wi-fi • *wi-fi*

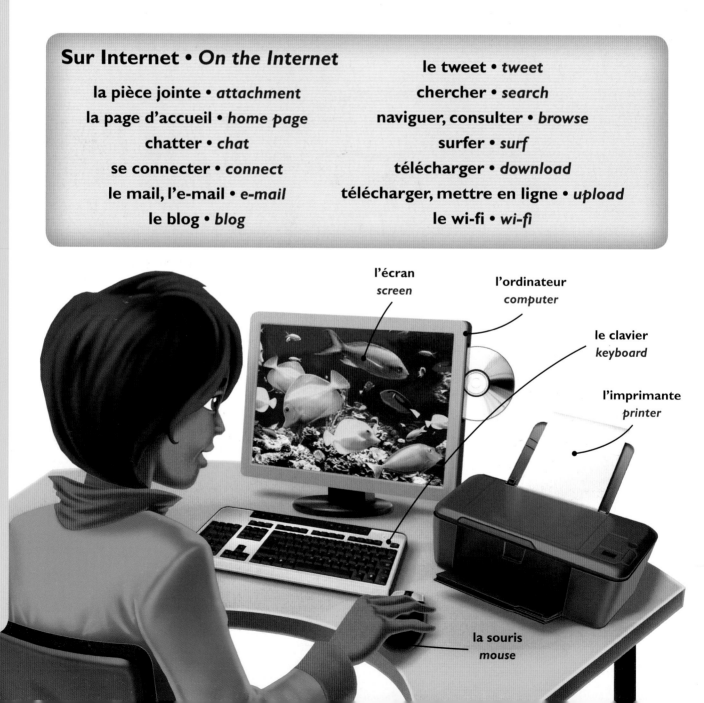

l'écran
screen

l'ordinateur
computer

le clavier
keyboard

l'imprimante
printer

la souris
mouse

Science and technology

le lecteur MP3
MP3 player

le téléphone portable
mobile phone

la clé **USB**
flash drive

l'appareil photo numérique
digital camera

la tablette
tablet

le portable
laptop

la liseuse
e-reader

L'ordinateur en action • *Computer actions*

connecter • *connect*	insérer • *insert*
se connecter • *log on*	effacer • *delete*
se déconnecter • *log off*	formater • *format*
taper • *type*	réviser • *edit*
(faire) défiler • *scroll*	le correcteur orthographique • *spell-check*
cliquer • *click*	imprimer • *print*
glisser • *drag*	scanner • *scan*
couper • *cut*	sauvegarder • *save*
coller • *paste*	faire une copie (de sauvegarde) • *back up*

Les mammifères • *Mammals*

Les mammifères sont des animaux à sang chaud, ce qui signifie que la température de leur corps demeure constante même s'il fait froid. Les femelles donnent naissance à des petits (et non pas des œufs) qu'elles nourrissent de leur lait. Il y a des mammifères de toutes tailles: des minuscules souris et chauve-souris aux énormes éléphants, baleines et les dauphins.

Mammals are warm-blooded, which means they can stay warm even in cold surroundings. Female mammals give birth to live babies (rather than eggs) and feed their babies with milk. Mammals range in size from tiny mice and bats to enormous elephants, whales, and dolphins.

le singe
monkey

la girafe
giraffe

l'éléphant
elephant

le dromadaire
camel

le rhinocéros
rhinoceros

l'ours polaire
polar bear

l'hippopotame
hippopotamus

le léopard
leopard

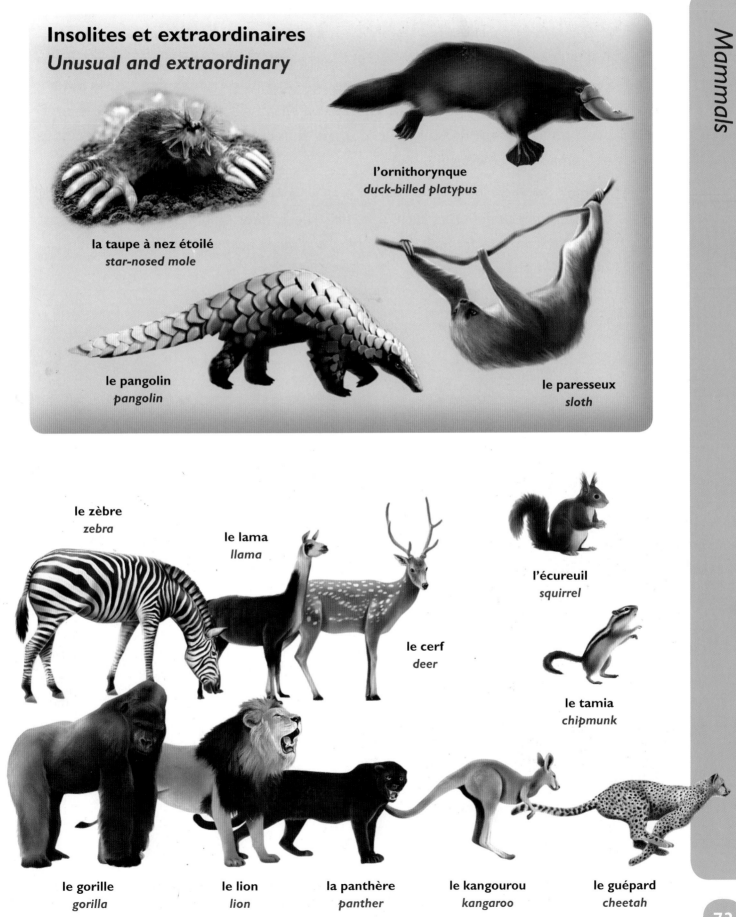

Insolites et extraordinaires
Unusual and extraordinary

l'ornithorynque
duck-billed platypus

la taupe à nez étoilé
star-nosed mole

le pangolin
pangolin

le paresseux
sloth

le zèbre
zebra

le lama
llama

le cerf
deer

l'écureuil
squirrel

le tamia
chipmunk

le gorille
gorilla

le lion
lion

la panthère
panther

le kangourou
kangaroo

le guépard
cheetah

Les animaux domestiques • *Working animals*

La vie de certains animaux est étroitement liée à celle de l'homme. Les animaux de trait tirent ou portent de lourdes charges. Les chiens sont aussi très utiles pour rassembler les troupeaux de moutons, pister ou chasser. Les animaux de ferme sont élevés soit pour leur viande, soit pour leur lait ou leurs œufs. Beaucoup d'entre nous ont des animaux de compagnie.

Some animals live very closely with people. Large working animals pull or carry heavy loads. Dogs perform many useful tasks, such as herding sheep, tracking, or hunting. Farm animals are kept for their meat or for their milk or eggs, and many people like to keep animals as pets.

le buffle domestique
water buffalo

le cheval
horse

la chèvre
goat

le chien de berger
sheepdog

le mouton
sheep

Animals and plants

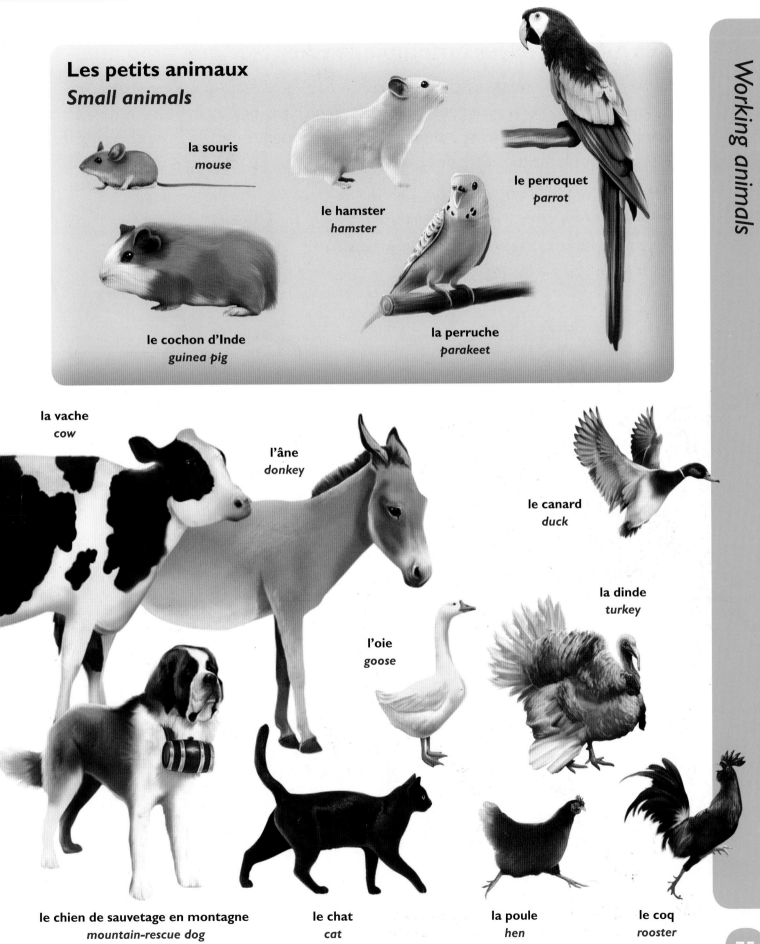

Les petits animaux
Small animals

la souris
mouse

le hamster
hamster

le perroquet
parrot

le cochon d'Inde
guinea pig

la perruche
parakeet

la vache
cow

l'âne
donkey

le canard
duck

la dinde
turkey

l'oie
goose

le chien de sauvetage en montagne
mountain-rescue dog

le chat
cat

la poule
hen

le coq
rooster

Les reptiles et les amphibiens • *Reptiles and amphibians*

Les reptiles pondent des œufs et ont la peau couverte d'écailles. Les crocodiles, les tortues et les serpents sont des reptiles. Les amphibiens ont la peau lisse, généralement humide. Ils vivent sur la terre ferme mais se reproduisent dans l'eau. Les crapauds, les grenouilles et les tritons sont des amphibiens.

Reptiles lay eggs and have scaly skin. They include crocodiles, tortoises, and snakes. Amphibians have smooth skin that usually feels damp. They live on land but breed in water. Amphibians include toads, frogs, and newts.

la tortue marine
sea turtle

la tortue
tortoise

le lézard
lizard

l'iguane
iguana

le caméléon
chameleon

**le dragon
de Komodo**
Komodo dragon

la salamandre
salamander

Les serpents • *Snakes*

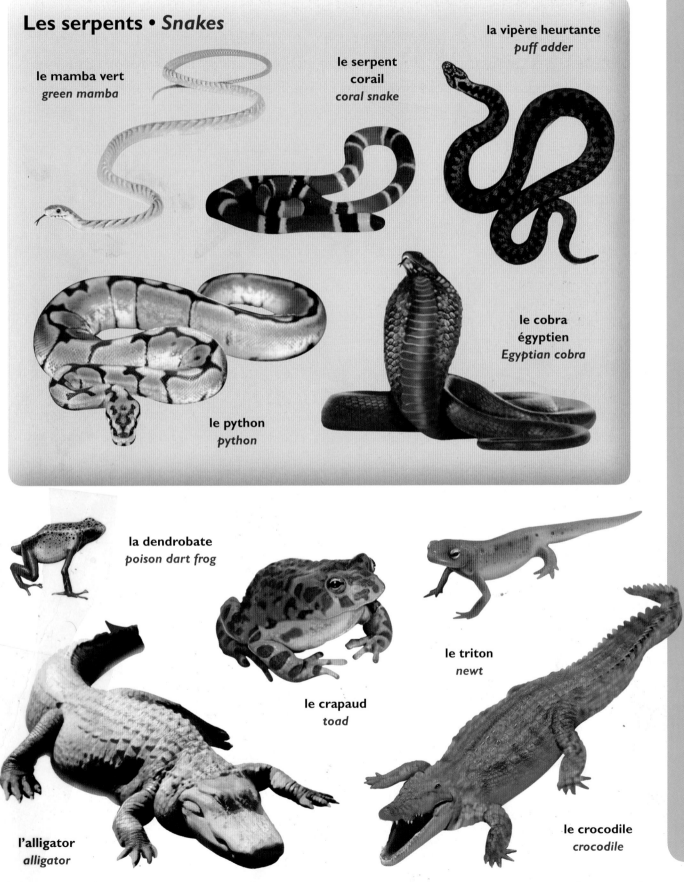

le mamba vert
green mamba

le serpent corail
coral snake

la vipère heurtante
puff adder

le python
python

le cobra égyptien
Egyptian cobra

la dendrobate
poison dart frog

le crapaud
toad

le triton
newt

l'alligator
alligator

le crocodile
crocodile

77

Les poissons • *Fish*

Les poissons vivent et se reproduisent dans l'eau. Ils sont en général recouverts d'écailles. Ils nagent grâce à leurs nageoires et la puissance de leur corps et de leur queue. Ils respirent sous l'eau grâce à des branchies qui ont pour fonction d'extraire l'oxygène de l'eau.

Fish live and breed in water. Most fish are covered in scales, and they swim by using their fins and their powerful bodies and tails. Fish use gills to breathe under water. The gills take in the oxygen that is dissolved in water.

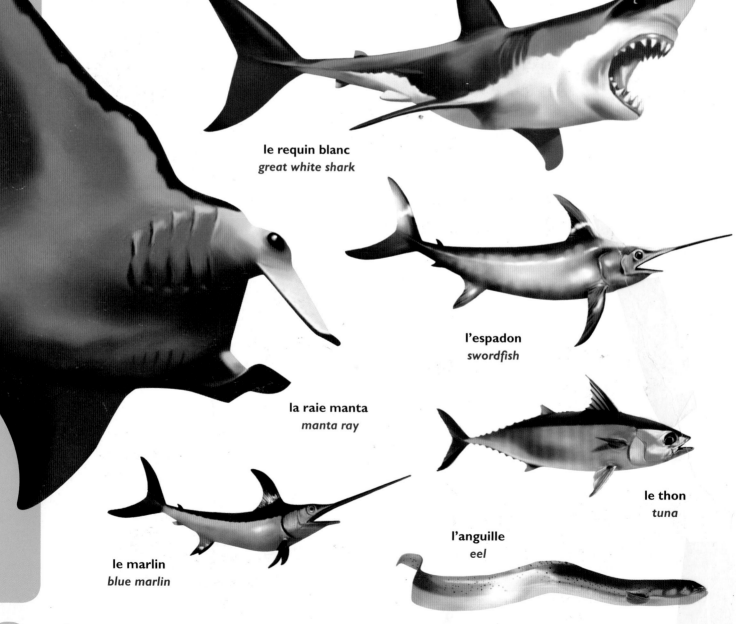

le requin blanc
great white shark

l'espadon
swordfish

la raie manta
manta ray

le thon
tuna

le marlin
blue marlin

l'anguille
eel

Les parties du corps d'un poisson • *Parts of a fish*

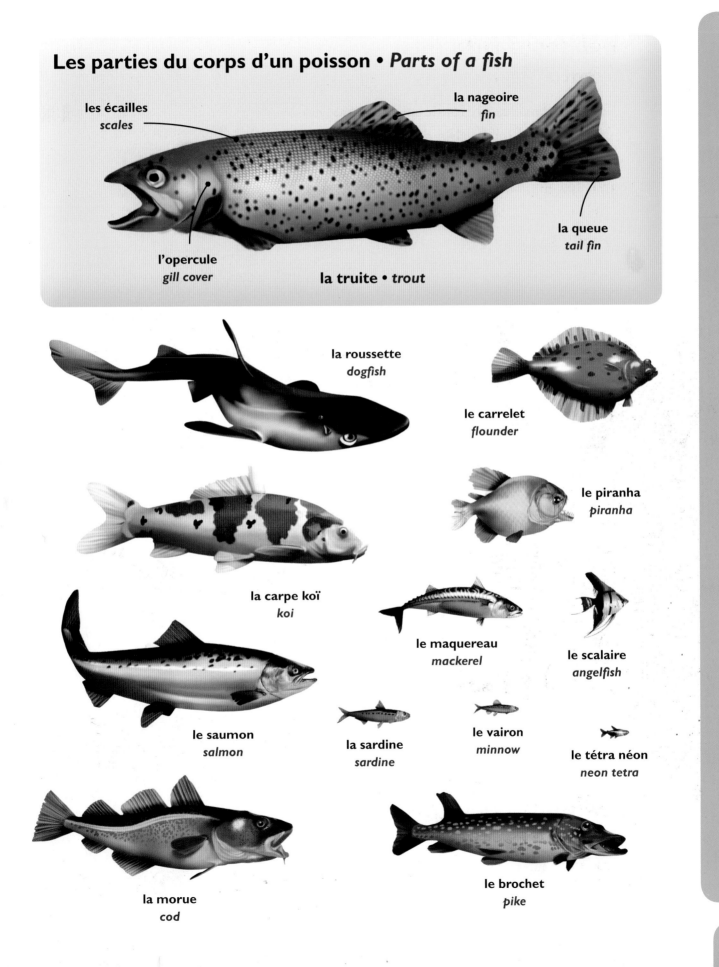

les écailles
scales

la nageoire
fin

la queue
tail fin

l'opercule
gill cover

la truite • *trout*

la roussette
dogfish

le carrelet
flounder

la carpe koï
koi

le piranha
piranha

le maquereau
mackerel

le scalaire
angelfish

le saumon
salmon

la sardine
sardine

le vairon
minnow

le tétra néon
neon tetra

la morue
cod

le brochet
pike

Les habitants de la mer
Sea creatures

En s'enfonçant dans les profondeurs de la mer, on trouve une diversité incroyable d'êtres vivants. Il y a des mammifères (commes les baleines et les dauphins), des amphibiens (comme les tortues), des reptiles marins (comme le serpent de mer) et une grande variété de poissons.

As you dive deep into the sea, you find an amazing range of creatures. There are mammals (such as whales and dolphins), amphibians (like turtles), marine reptiles (like sea snakes), and many varieties of fish.

❶ le poisson volant
flying fish

❷ l'anémone
anemone

❸ le phoque
seal

❹ la baleine bleue
blue whale

❺ la pieuvre dumbo
dumbo octopus

❻ la crevette-mante
mantis shrimp

❼ l'araignée de mer
sea spider

❽ le dauphin
dolphin

❾ le morse
walrus

❿ la tortue de mer
sea turtle

⓫ le serpent de mer
sea snake

⓬ la pieuvre
octopus

⓭ le homard
lobster

⓮ l'hippocampe
sea horse

⓯ le nautile
nautilus

⓰ le requin-baleine
whale shark

⓱ le calamar géant
giant squid

⓲ la méduse géante
giant jellyfish

⓳ le requin du Groenland
Greenland shark

⓴ le concombre de mer
sea cucumber

㉑ le bathynome géant
giant isopod

Les insectes
Insects

Les insectes ont six pattes, ils n'ont pas de colonne vertébrale et leur corps est divisé en trois parties (la tête, le thorax et l'abdomen). Les araignées, les mille-pattes et les scarabées non plus n'ont pas de colonne vertébrale.

Insects have six legs, no backbone, and a body divided into three parts (the head, the thorax, and the abdomen). Other small creatures without a backbone include spiders, centipedes, and beetles.

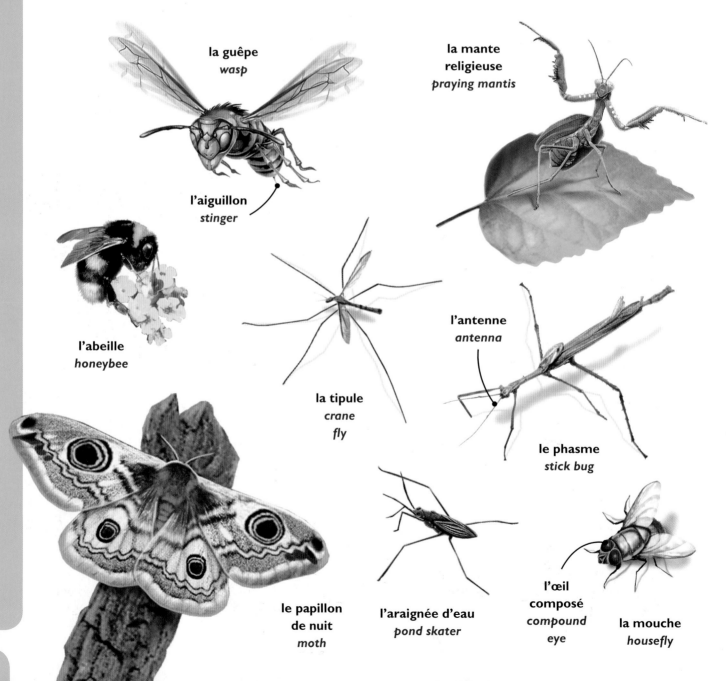

la guêpe
wasp

la mante religieuse
praying mantis

l'aiguillon
stinger

l'abeille
honeybee

l'antenne
antenna

la tipule
crane fly

le phasme
stick bug

le papillon de nuit
moth

l'araignée d'eau
pond skater

l'œil composé
compound eye

la mouche
housefly

Animals and plants

la libellule
dragonfly

le pince-oreille
earwig

la punaise
bedbug

la puce
flea

le cafard
cockroach

le moustique
mosquito

la chenille
caterpillar

la tête
head

le thorax
thorax

l'abdomen
abdomen

la fourmi
ant

le puceron
aphid

le papillon
butterfly

la coccinelle
ladybug

la sauterelle
grasshopper

Les animaux et les plantes

Les animaux nocturnes • *Nocturnal creatures*

Les animaux nocturnes dorment ou se reposent le jour.
Ils sortent en fin de journée ou la nuit pour se nourrir.

*Nocturnal creatures sleep or rest during the day. They
come out in the evening or at night to look for food.*

❶ le blaireau • *badger*	❹ la limace • *slug*	❼ le scorpion • *scorpion*
❷ le papillon de nuit • *moth*	❺ le loup • *gray wolf*	❽ la moufette • *skunk*
❸ le lémur • *lemur*	❻ le hérisson • *hedgehog*	❾ la chauve-souris • *bat*

Animals and plants

10 le raton laveur • *raccoon*

11 le loir • *dormouse*

12 le tarsier • *tarsier*

13 le renard • *fox*

14 le porc-épic • *porcupine*

15 le bernard-l'hermite • *hermit crab*

16 l'opossum • *opossum*

17 le tatou • *armadillo*

18 le hibou • *owl*

Les oiseaux • *Birds*

Les oiseaux ont deux pattes, deux ailes et un bec. Tous les oiseaux pondent des œufs et ont un plumage. La plupart des oiseaux volent. Parmi les oiseaux qui ne volent pas, on trouve le pingouin, l'émeu et l'autruche.

Birds have two legs, two wings, and a beak. All birds lay eggs and are covered with feathers. Most birds can fly, but there are some flightless birds, such as the penguin, the emu, and the ostrich.

le martin-pêcheur
kingfisher

le rouge-gorge
robin

l'hirondelle
swallow

le pic épeiche
woodpecker

le coucou
cuckoo

le héron
heron

le merle
blackbird

le paon
peacock

Insolites et extraordinaires • Astonishing and amazing

la spatule rosée
roseate spoonbill

le calao à casque rond
helmeted hornbill

la frégate
frigate bird

l'autruche
ostrich

l'aigle
eagle

le vautour
vulture

le pélican
pelican

le colibri
hummingbird

le flamant rose
flamingo

le pingouin
penguin

le macareux
puffin

Arbres et arbustes • *Trees and shrubs*

Les arbres sont des plantes de grande taille qui mettent de nombreuses années à atteindre leur maturité. Leur tronc de bois est dense et ligneux, leurs racines profondes. Les arbustes sont des buissons au tronc plus petit et plus fin que celui de l'arbre. Les plantes aromatiques comme la lavande, le romarin et la sauge sont des arbustes.

Trees are very large plants that take many years to grow to their full size. They have a thick and woody trunk and very deep roots. Shrubs are bushes with woody stems. They include some herbs, such as lavender, rosemary, and sage.

le pin
pine

l'if
yew

le baobab
baobab

le séquoia
redwood

le sapin
fir

le marronnier
chestnut

le palmier
palm

le chêne
oak

le hêtre
beech

le houx
holly

l'olivier
olive

le pommier
apple

le cerisier
cherry

le mimosa
mimosa

le citronnier
lemon

le romarin
rosemary

la lavande
lavender

Les parties de l'arbre
Parts of a tree

les feuilles
leaves

la branche
branch

le tronc
trunk

la racine
root

l'écorce
bark

le sycomore • *sycamore*

l'eucalyptus
eucalyptus

89

Des plantes de toutes sortes

Des plantes de toutes sortes • *All sorts of plants*

Les plantes sont vertes et ont besoin de lumière pour pousser. Il existe une très grande diversité de plantes: les fleurs, les herbes aromatiques, les graminées, les cactus, les fougères et les mousses.

Plants are green and need light to grow. There are many different types of plants, including flowering plants, herbs, grasses, cacti, ferns, and mosses.

la rose
rose

la jonquille
daffodil

la tulipe
tulip

la pensée
pansy

l'orchidée
orchid

le lys
lily

le tournesol
sunflower

le coquelicot
poppy

le nénuphar
water lily

la marguerite
daisy

le pissenlit
dandelion

l'herbe de la pampa
pampas grass

la mousse
moss

la fougère
fern

le bambou
bamboo

le cactus
cactus

Les parties d'une fleur
Parts of a flowering plant

le pétale
petal

le bouton
bud

la fleur
flower

la queue
leaf stalk

la feuille
leaf

la tige
stem

la racine
root

En ville • *Towns and cities*

C'est au centre de nos grandes villes que l'on trouve les bureaux, les musées et les banques, parmi lesquels figurent les constructions les plus imposantes du monde. À la périphérie des villes se trouvent les banlieues, où habitent la grande majorité des gens.

In the center of our towns and cities are offices, museums, banks, and some of the tallest buildings in the world. On the outskirts are the suburbs, where most people live.

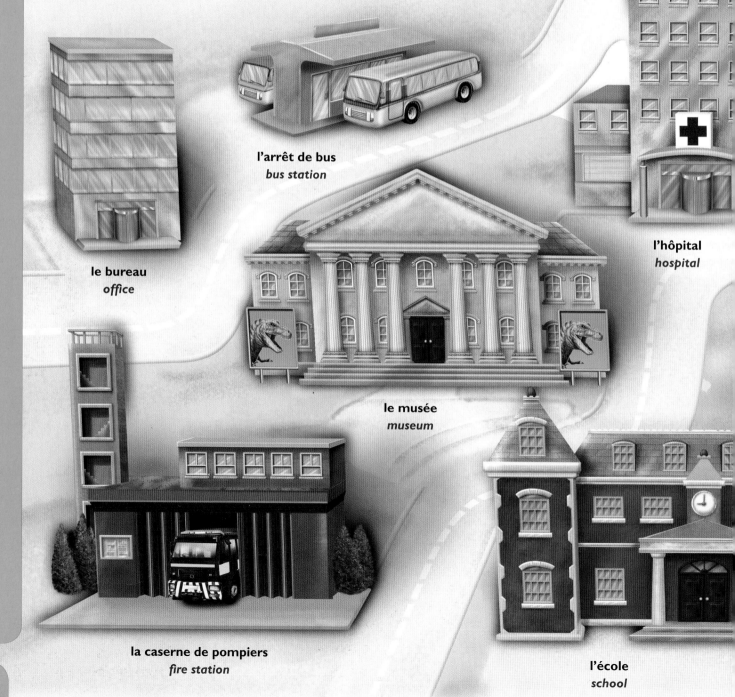

l'arrêt de bus
bus station

l'hôpital
hospital

le bureau
office

le musée
museum

la caserne de pompiers
fire station

l'école
school

Planet Earth and the environment

le parking
parking lot

le stade
stadium

le supermarché
supermarket

l'hôtel
hotel

la mairie
city hall

le restaurant
restaurant

le cinéma
movie theater

Dans la rue • *On the street*

Les rues de nos villes sont souvent des endroits très animés. On y trouve une multitude de commerces, magasins et cafés. Les rues piétonnes où la circulation des voitures est interdite nous permettent de faire du lèche-vitrine et d'y rencontrer des amis.

City streets can be very lively places. They are full of shops, businesses, and cafés. In some streets, most traffic is banned so the pedestrians can enjoy shopping and meeting friends.

❶ **le café**
cafe

❷ **le kiosque à journaux**
newsstand

❸ **la supérette**
convenience store

❹ **la banque**
bank

❺ **le bureau de poste**
post office

❻ **la boîte à lettres**
mailbox

❼ **l'arrêt de bus**
bus stop

❽ **la route**
road

❾ **le trottoir**
sidewalk

❿ **le réverbère**
streetlight

⓫ **le parcmètre**
parking meter

⓬ **la poubelle**
trash can

⓭ **le marchand de fruits et légumes**
greengrocer

⓮ **la librairie**
bookstore

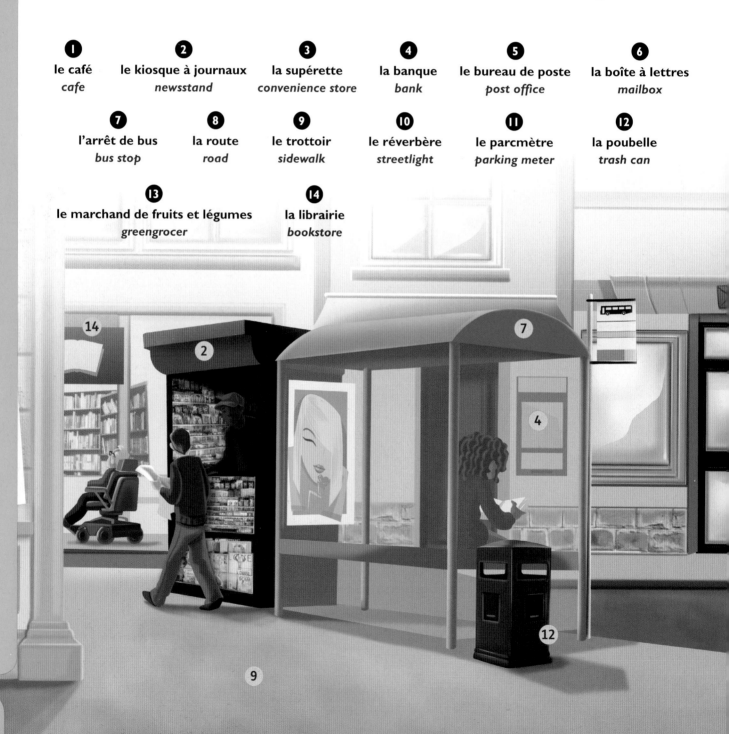

9

Des magasins de toutes sortes • *All sorts of shops*

le magasin de jouets
toy store

la boulangerie
bakery

la boucherie
butcher shop

la pharmacie
pharmacy

la boutique de vêtements
clothing store

la confiserie
candy store

le fleuriste
florist

la boutique de cadeaux
gift shop

le kiosque à journaux
newsstand

l'animalerie
pet store

le marchand de chaussures
shoe store

À la campagne • *In the country*

Partout dans le monde, c'est à la campagne qu'on cultive la terre et qu'on fait de l'élevage. Les cultivateurs cultivent le sol. Les éleveurs élèvent des vaches ou des chèvres dont le lait sert aussi à faire du fromage, du beurre ou autre produit laitier.

All over the world, people farm the land and raise animals in the countryside. Many farmers, such as wheat or soybean farmers, grow crops. Other farmers, such as dairy farmers, keep cows or goats for their milk. Milk is sometimes turned into cheese, butter, or other dairy products.

Les cultures et les légumes • *Crops and vegetables*

la canne à sucre • *sugarcane*

le soja • *soybeans*

le maïs • *corn*

le blé • *wheat*

les citrouilles • *pumpkins*

les pommes de terre • *potatoes*

le riz • *rice*

le raisin • *grapes*

Machines et instruments agricoles • *Farm vehicles and machinery*

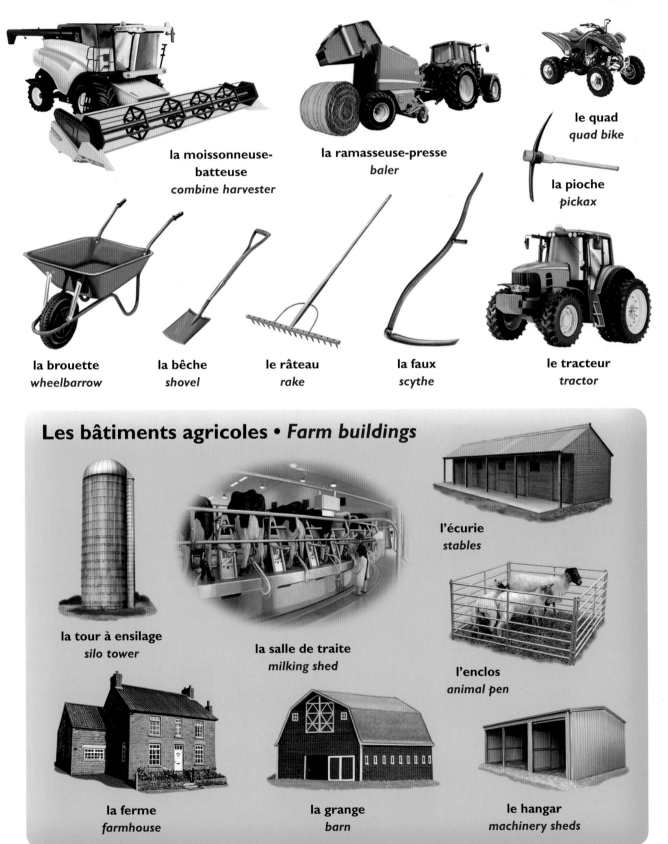

la moissonneuse-batteuse
combine harvester

la ramasseuse-presse
baler

le quad
quad bike

la pioche
pickax

la brouette
wheelbarrow

la bêche
shovel

le râteau
rake

la faux
scythe

le tracteur
tractor

Les bâtiments agricoles • *Farm buildings*

la tour à ensilage
silo tower

la salle de traite
milking shed

l'écurie
stables

l'enclos
animal pen

la ferme
farmhouse

la grange
barn

le hangar
machinery sheds

Paysages et habitats • *Landscapes and habitats*

La Terre offre une multitude de paysages. Chaque paysage assure l'habitat d'une faune et d'une flore particulières. Les paysages vont de l'épaisse calotte de glace et de neige des pôles Nord et Sud aux forêts équatoriales chaudes et humides.

The Earth has many different types of landscapes, and each landscape provides a special habitat for a different set of wildlife. Landscapes can range from thick ice and snow around the North and South Poles to steamy rain forests close to the equator.

l'océan
ocean

la plage
seashore

la montagne
mountain

la forêt tropicale
rain forest

le désert
desert

la prairie
grasslands

le glacier
glacier

la forêt sempervirente
evergreen forest

les bois
woodland

le lac
lake

la région polaire
polar region

le marais
swamp

la lande
bog

Les cours d'eau
Stages of a river

Les cours d'eau fournissent un habitat en évolution constante pour la faune sauvage: du ruisseau aux eaux vives au fleuve large et tranquille.

Rivers provide a changing habitat for wildlife, starting with a tiny, fast-flowing stream, and ending in a broad, slow-moving river.

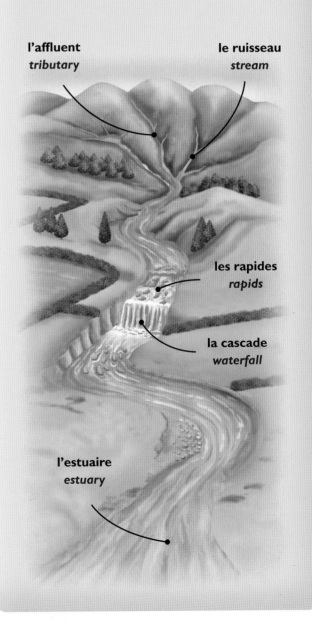

l'affluent
tributary

le ruisseau
stream

les rapides
rapids

la cascade
waterfall

l'estuaire
estuary

Landscapes and habitats

Le temps • *Weather*

Les régions situées près de l'équateur ont un climat tropical. Le temps y est chaud et humide toute l'année. Plus au nord et au sud, le climat est tempéré: il fait froid en hiver, frais au printemps et en automne, et chaud en été.

Places close to the equator have a tropical climate. The weather there is hot and humid all year round. In places farther north and south, the climate is temperate. It is cold in the winter, cool in spring and autumn, and warm in summer.

ensoleillé • *sunny*

nuageux • *cloudy*

pluvieux • *rainy*

brumeux • *foggy*

pollué • *smoggy*

neigeux • *snowy*

verglacé • icy

la tempête de poussière • dust storm

la tempête de grêle • hailstorm

l'orage • thunderstorm

Pour parler de la température
Temperature words

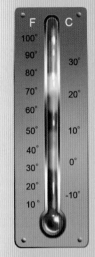

F	C	
100°		**chaud** *hot*
90° 80°	30°	**chaud** *warm*
70°	20°	
60°		**frais** *cool*
50°	10°	
40°		**froid** *cold*
30°	0°	
20°	-10°	
10°		**glacial** *freezing*

un climat tropical
tropical climate

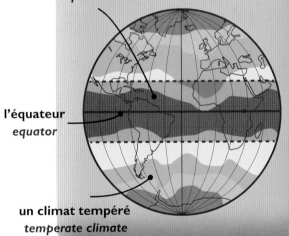

l'équateur
equator

un climat tempéré
temperate climate

la tornade • tornado

La pollution et la protection de l'environnement
Pollution and conservation

La pollution, sous ses diverses formes, met la planète Terre en danger. Nous courons aussi le risque d'épuiser les sources d'énergie de la Terre. Si nous voulons sauvegarder notre planète, nous devons réduire la pollution et économiser l'énergie.

Planet Earth is threatened by many kinds of pollution. We are also in danger of using up the Earth's resources of energy. If we want to save our planet, we must reduce pollution and conserve (save) energy.

Les différentes formes de pollution
Types of pollution

les déchets dangereux
hazardous waste

la pollution de l'eau
water contamination

la pollution de l'air
air pollution

l'empoisonnement par les pesticides
pesticide poisoning

la radiation
radiation

la pollution sonore
noise pollution

les pluies acides
acid rain

la marée noire
oil spill

la pollution lumineuse
light pollution

Les économies d'énergie • *Energy conservation*

Diverses mesures sont à prendre pour économiser l'énergie et maintenir notre planète en bonne santé.

People can take a range of steps to help save energy and keep the planet healthy.

le compostage *composting*	**la réutilisation** *reuse*	**l'économie d'énergie** *conserving energy*

le recyclage
recycling

La planète Terre
Planet Earth

Les hommes habitent à la surface de l'écorce terrestre et celle-ci forme bien des paysages différents. Sous l'écorce terrestre se trouvent plusieurs couches de roches dont certaines sont en fusion (brûlantes et liquides). Un volcan entre en éruption lorsque la roche en fusion, appelée la lave, crève la surface de l'écorce terrestre.

Humans live on the surface crust of the Earth, and this crust is molded into different landscape features. Underneath the crust are several layers of rock, and some of them are molten (very hot and liquid). Volcanoes erupt when molten rock, called lava, bursts through the Earth's crust.

L'intérieur de la Terre
Inside the Earth

l'écorce
crust

le manteau
mantle

le noyau interne solide
solid inner core

le noyau externe liquide
liquid outer core

Le relief
Landscape features

le plateau
plateau

la colline
hill

la vallée
valley

la plaine
plain

L'intérieur d'un volcan
Inside a volcano

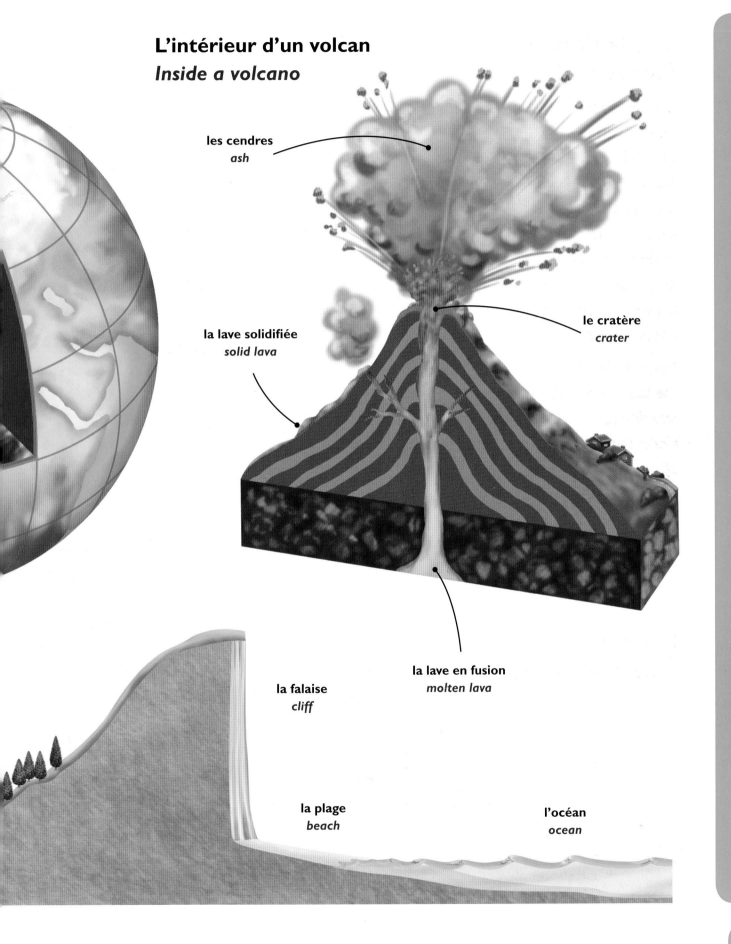

les cendres
ash

la lave solidifiée
solid lava

le cratère
crater

la lave en fusion
molten lava

la falaise
cliff

la plage
beach

l'océan
ocean

Le système solaire
The solar system

Notre système solaire est composé du Soleil et des planètes qui gravitent autour de lui. Dans notre système solaire, il y a huit planètes et beaucoup de lunes. Il y a aussi des astéroïdes et des comètes qui gravitent autour du Soleil.

Our solar system is made up of the Sun and the planets that orbit it. In our solar system, there are eight planets and many moons. There are also many asteroids and comets that orbit the Sun.

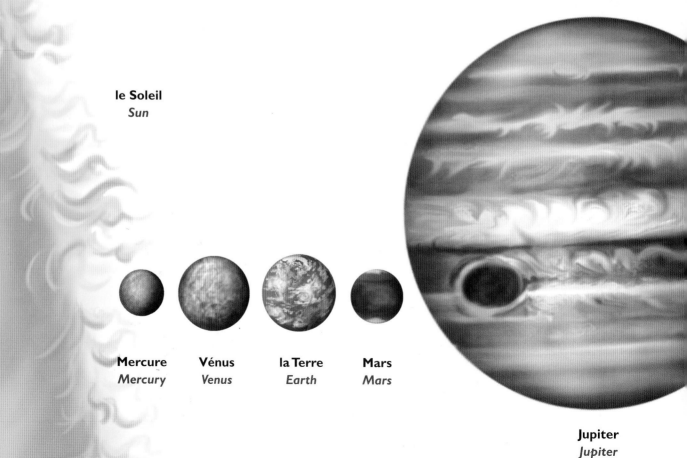

le Soleil
Sun

Mercure
Mercury

Vénus
Venus

la Terre
Earth

Mars
Mars

Jupiter
Jupiter

Pour parler de l'espace • *Space words*

On se sert de télescopes pour observer le ciel la nuit. Les professionnels de l'observation des étoiles s'appellent des astronomes.

People use telescopes to study the sky at night. Professional stargazers are called astronomers.

l'étoile • *star*

la constellation • *constellation*

la Lune • *moon*

la Voie lactée • *Milky Way*

la galaxie • *galaxy*

le météore • *meteor*

le trou noir • *black hole*

Neptune
Neptune

Uranus
Uranus

Saturne
Saturn

Voyager dans l'espace • *Space travel*

Cela fait plus de 50 ans que les hommes explorent l'espace. Des fusées puissantes propulsent dans l'espace des navettes et autres vaisseaux spatiaux. Les sondes et les stations spatiales permettent d'étudier l'espace tandis que les atterrisseurs et les astromobiles explorent la surface des planètes.

Humans have been exploring space for over 50 years. Powerful rockets launch space shuttles and other spacecraft into space. Probes and space stations investigate space, and rovers and landers explore other planets. Some spacecraft carry astronauts, but many are operated by robots.

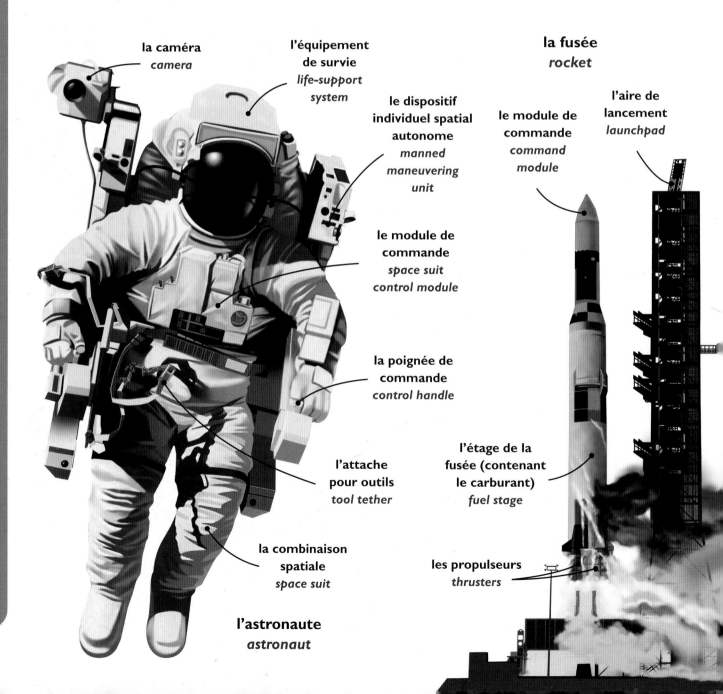

la caméra
camera

l'équipement de survie
life-support system

la fusée
rocket

le dispositif individuel spatial autonome
manned maneuvering unit

le module de commande
command module

l'aire de lancement
launchpad

le module de commande
space suit control module

la poignée de commande
control handle

l'étage de la fusée (contenant le carburant)
fuel stage

l'attache pour outils
tool tether

la combinaison spatiale
space suit

les propulseurs
thrusters

l'astronaute
astronaut

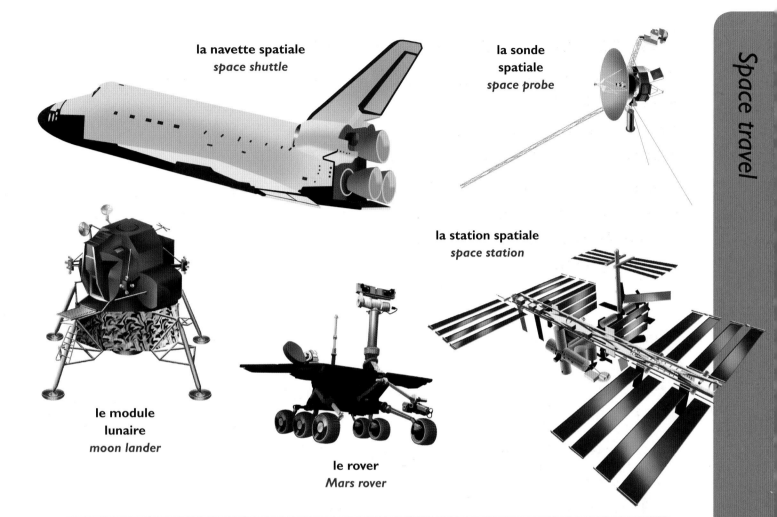

la navette spatiale
space shuttle

la sonde spatiale
space probe

la station spatiale
space station

le module lunaire
moon lander

le rover
Mars rover

Les satellites • *Satellites*

Un satellite gravite autour de la Terre. Il sert à photographier la Terre, à transmettre des messages ou des données météorologiques.

Satellites orbit the Earth. They are used to take pictures of the Earth, transmit messages, or track the weather.

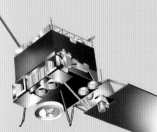

le satellite d'observation de la Terre
Earth observation satellite

le satellite météorologique
weather satellite

le satellite de télécommunications
communications satellite

Les nombres • *Numbers*

0	zéro • *zero*	
1	un • *one*	
2	deux • *two*	
3	trois • *three*	
4	quatre • *four*	
5	cinq • *five*	
6	six • *six*	
7	sept • *seven*	
8	huit • *eight*	
9	neuf • *nine*	
10	dix • *ten*	
11	onze • *eleven*	
12	douze • *twelve*	
13	treize • *thirteen*	
14	quatorze • *fourteen*	
15	quinze • *fifteen*	
16	seize • *sixteen*	
17	dix-sept • *seventeen*	
18	dix-huit • *eighteen*	
19	dix-neuf • *nineteen*	
20	vingt • *twenty*	
21	vingt et un • *twenty-one*	
22	vingt-deux • *twenty-two*	

23 vingt-trois • *twenty-three*

24 vingt-quatre • *twenty-four*

25 vingt-cinq • *twenty-five*

30 trente • *thirty*

40 quarante • *forty*

50 cinquante • *fifty*

60 soixante • *sixty*

70 soixante-dix • *seventy*

80 quatre-vingts • *eighty*

90 quatre-vingt-dix • *ninety*

100 cent • *a hundred, one hundred*

101 cent un • *a hundred and one, one hundred and one*

1 000
mille • *a thousand, one thousand*

10 000
dix mille • *ten thousand*

1 000 000
un million • *a million, one million*

1 000 000 000
un milliard • *a billion, one billion*

1er premier • *first*

2e deuxième • *second*

3e troisième • *third*

4e quatrième • *fourth*

5e cinquième • *fifth*

6e sixième • *sixth*

7e septième • *seventh*

8e huitième • *eighth*

9ᵉ	neuvième •	*ninth*
10ᵉ	dixième •	*tenth*
11ᵉ	onzième •	*eleventh*
12ᵉ	douzième •	*twelfth*
13ᵉ	treizième •	*thirteenth*
14ᵉ	quatorzième •	*fourteenth*
15ᵉ	quinzième •	*fifteenth*
16ᵉ	seizième •	*sixteenth*
17ᵉ	dix-septième •	*seventeenth*
18ᵉ	dix-huitième •	*eighteenth*
19ᵉ	dix-neuvième •	*nineteenth*
20ᵉ	vingtième •	*twentieth*
21ᵉ	vingt et unième •	*twenty-first*
30ᵉ	trentième •	*thirtieth*
40ᵉ	quarantième •	*fortieth*
50ᵉ	cinquantième •	*fiftieth*
60ᵉ	soixantième •	*sixtieth*
70ᵉ	soixante-dixième •	*seventieth*
80ᵉ	quatre-vingtième •	*eightieth*
90ᵉ	quatre-vingt-dixième •	*ninetieth*
100ᵉ	centième •	*one hundredth*
1 000ᵉ	millième •	*one thousandth*

Les fractions
Fractions

une moitié • *half*
un tiers • *third*
un quart • *quarter*
un huitième • *eighth*

Les mesures
Measurements

le pouce • *inch*
le pied • *foot*
le yard • *yard*
le mile • *mile*
la once • *ounce*
la livre • *pound*
la tonne • *ton*
le quart • *quart*
la pinte • *pint*
le gallon • *gallon*
degrés Fahrenheit • *degrees Fahrenheit*
degrés Celsius • *degrees Celsius*

la hauteur • *height*
la profondeur • *depth*
le largeur • *width*
la longueur • *length*

Mots mathématiques
Math words

multiplier • *multiply*
additionner • *add*
soustraire • *subtract*
diviser • *divide*

Le temps et l'heure

La semaine
Days of the week

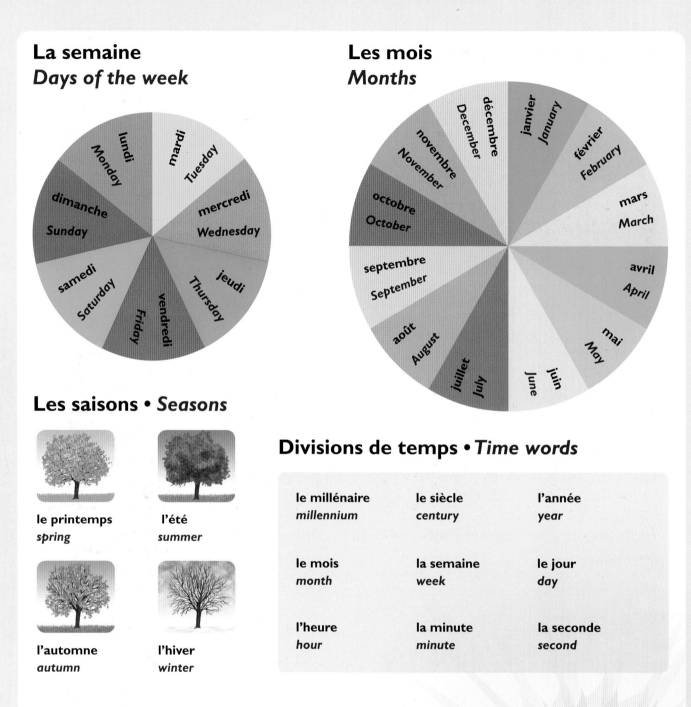

lundi — Monday
mardi — Tuesday
mercredi — Wednesday
jeudi — Thursday
vendredi — Friday
samedi — Saturday
dimanche — Sunday

Les mois
Months

janvier — January
février — February
mars — March
avril — April
mai — May
juin — June
juillet — July
août — August
septembre — September
octobre — October
novembre — November
décembre — December

Les saisons • Seasons

le printemps
spring

l'été
summer

l'automne
autumn

l'hiver
winter

Divisions de temps • Time words

le millénaire	le siècle	l'année
millennium	century	year
le mois	la semaine	le jour
month	week	day
l'heure	la minute	la seconde
hour	minute	second

Les moments de la journée • Times of day

l'aube	le matin	midi	l'après-midi
dawn	morning	midday	afternoon
le soir	la nuit	minuit	
evening	night	midnight	

L'heure • *Telling the time*

neuf heures

nine o'clock

neuf heures cinq

five past nine

neuf heures dix

nine ten,
ten past nine

neuf heures et quart

nine fifteen,
quarter past nine

neuf heures vingt

nine twenty,
twenty past nine

neuf heures vingt-cinq

nine twenty-five,
twenty-five past nine

neuf heures et demie

nine thirty,
half past nine

dix heures moins vingt-cinq

nine thirty-five,
twenty-five to ten

dix heures moins vingt

nine forty,
twenty to ten

dix heures moins le quart

nine forty-five,
quarter to ten

dix heures moins dix

nine fifty,
ten to ten

dix heures moins cinq

nine fifty-five,
five to ten

Les couleurs et les formes • *Colors and shapes*

Les couleurs • *Colors*

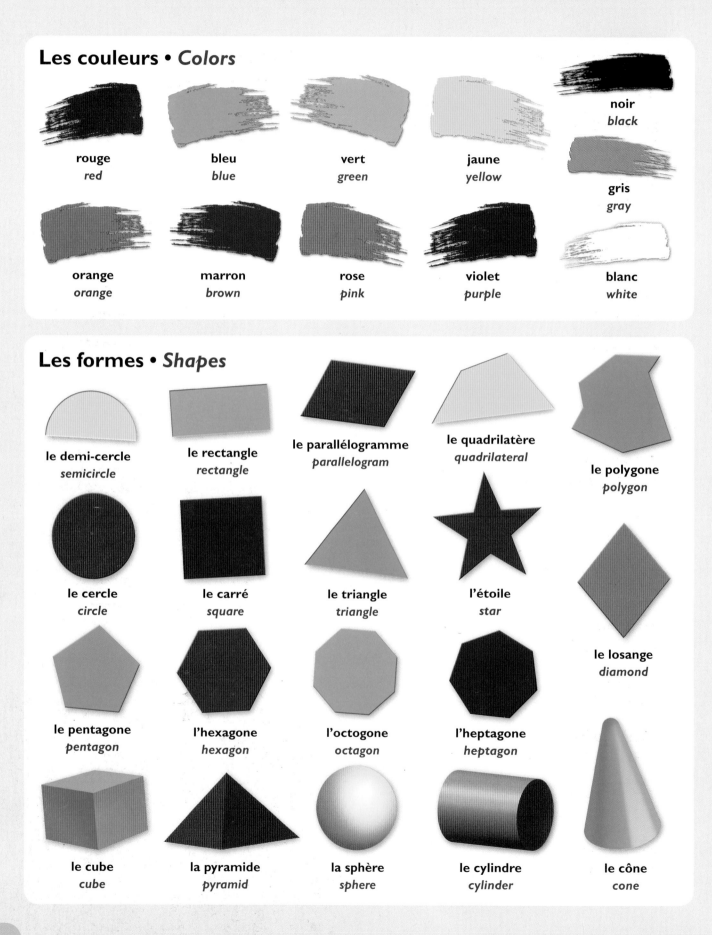

rouge
red

bleu
blue

vert
green

jaune
yellow

noir
black

gris
gray

orange
orange

marron
brown

rose
pink

violet
purple

blanc
white

Les formes • *Shapes*

le demi-cercle
semicircle

le rectangle
rectangle

le parallélogramme
parallelogram

le quadrilatère
quadrilateral

le polygone
polygon

le cercle
circle

le carré
square

le triangle
triangle

l'étoile
star

le losange
diamond

le pentagone
pentagon

l'hexagone
hexagon

l'octogone
octagon

l'heptagone
heptagon

le cube
cube

la pyramide
pyramid

la sphère
sphere

le cylindre
cylinder

le cône
cone

Les contraires et les mots de position • *Opposites and position words*

Les contraires
Opposites

grand – petit
big – small

propre – sale
clean – dirty

gros – maigre
fat – thin

plein – vide
full – empty

haut – bas
high – low

chaud – froid
hot – cold

ouvert – fermé
open – closed

lourd – léger
heavy – light

fort – silencieux
loud – quiet

dur – mou
hard – soft

long – court
long – short

clair – sombre
light – dark

sec – mouillé
dry – wet

rapide – lent
fast – slow

La position
Position words

sur *on*	**de** *off*
sous *under*	**au-dessus de** *over*
à côté de *next to*	**entre** *between*
dessus *above*	**dessous** *below*
devant *in front*	**derrière** *behind*
loin de *far*	**près de** *near*

Index français • *French index*

Index français • *French index*

Index français • French index

118

Index anglais • English index

125

First edition for the United States published in 2014 by Barron's Educational Series, Inc.
The Oxford Children's French-English Visual Dictionary was originally published in English in 2013.
This edition is published by arrangement with Oxford University Press.

First published in 2013 by Oxford University Press, Great Clarendon Street, Oxford OX2 6DP

All artwork by Dynamo Design Ltd.
Cover images: French flag, Tiplyashin Anatoly/Shutterstock.com. Magnifying glass, Vjom/Shutterstock.com.
All others Dynamo Design Ltd.
Developed with, and English text by, Jane Bingham and White-Thomson Publishing Ltd.
Translated by Isabelle Stables

All inquiries should be addressed to:
Barron's Educational Series, Inc.
250 Wireless Boulevard
Hauppauge, New York 11788
www.barronseduc.com

ISBN: 978-1-4380-0451-8

Library of Congress Control No. 2013948824

Date of Manufacture: March 2014
Manufactured by: Heshan Astros Printing Ltd., Guangdong, China

Printed in China
9 8 7 6 5 4 3 2 1